당신의 삶은 **어떤 장르**의 영화인가요?

내 삶이 영화가 될 때

유의정 석희원 김영화 박나연 이주아
황서정 강민정 한유정 윤미정 권오영 지음

Book Insight 북인사이트

차례

프롤로그   11

1챕터 | 시작: 《월터의 상상은 현실이 된다》

01 시작할 이유 찾기   17
02 해 봐야 알 수 있다   21
03 성공을 이루는 행동방법   24
04 고민보다 행동   30

2챕터 | 인정: 《러빙 빈센트》

01 빈센트 반 고흐, 그의 미스터리한 죽음의 진실   37
02 누구나 인정받고 싶다   42
03 나를 인정하는 방법   51
04 인정이 변하면, 나도 변한다   59

내 삶이 영화가 될 때

3챕터 | 삶의 가치: 〈I feel pretty〉

01 나의 가치는 내가 정한다   65
02 마음의 결을 따라 살다   71
03 나를 알아 가는 4 Step: SLSP(Smile, Look So Perfect)   77
04 삶의 중량은 견딜 수 있는 만큼 주어진다   85

4챕터 | 말의 힘: 〈세 얼간이〉

01 당신의 인생을 변화시킨 말이 있는가?   91
02 말의 힘을 경험하다   96
03 말에 마음을 담으면 불가능은 없다   105
04 당신에게 해 주고 싶은 말   108

차례

5챕터 | 리더의 성장형 피드백: 《위플래쉬》

01 성공을 위해 질책은 꼭 필요한가?　　　　　　115
02 리더의 피드백 역량　　　　　　　　　　　　120
03 리더의 성장형 피드백 방법　　　　　　　　　124
04 세상에서 제일 쓸모 있고 가치 있는 말　　　　130

6챕터 | 팔로워십: 《악마는 프라다를 입는다》

01 팔로워는 왜 힘들까?　　　　　　　　　　　　137
02 왜 중요한 팔로워가 되어야 하는가?　　　　　143
03 리더와의 파트너십을 위해서 필요한 스킬은 무엇인가?　150
04 왜 리더십보다 팔로워십이 더 중요한가?　　　159

내 삶이 영화가 될 때

7챕터 | 회복탄력성: 〈마션〉

01 화성에서 살아남기   165
02 변화와 스트레스에 강한 이들의 비밀   171
03 긍정의 뇌로 만들어라   180
04 스트레스에 강해지고 싶은 당신에게   186

8챕터 | 일의 의미 찾기: 〈소울〉

01 인생의 의미는 자기 자신이 정하는 것이다   193
02 하고 싶은 일을 하고 있나요?   197
03 일의 의미를 재정의하라   202
04 삶의 목적을 찾아 헤매는 사람들에게   206

차례

9챕터 | 워킹맘: 《하이힐을 신고 달리는 여자》

01 여자들이 하이힐을 신고 달리는 이유 — 213
02 워킹맘으로서의 삶의 의미 — 218
03 일과 육아를 잘하고 싶은 엄마라면 — 226
04 Love myself, Love my job — 234

10챕터 | 웰다잉: 《굿바이》

01 모든 이별에는 이별의 방식이 있다 — 241
02 웰다잉 명상으로 아픔을 극복하다 — 246
03 누구나 언젠가는 사랑하는 사람을 보내고 또 배웅을 받는다 — 253
04 죽음은 삶이 만든 최고의 발명품이다 — 262

내 삶이 영화가 될 때

에필로그	267
저자소개	271

프롤로그

프롤로그
prologue

지금부터 영화를 통한 보물찾기를 시작하겠습니다

혹시 인생 영화 한 편을 선정하라고 한다면, 어떤 영화를 선택하겠는가? 수많은 영화 속에서 우리는 나만의 영화 한 편씩은 가지고 있다. 전체적인 스토리가 마음에 들거나 그 영화에 출연하는 배우가 좋아서, 혹은 영화 속 한 장면에 큰 감동을 받아서일 수도 있다. 그러나 진정한 이유는 영화를 통해 내가 실제로 경험하지 못하는 일들을 대리 경험하며, 그 안에서 앞으로 내가 살아가야 하는 방향성에 대한 힌트를 얻을 수 있기 때문일 것이다. 영화를 색다른 시선에서 즐기며 사색하고 싶다면, 그리고 내 삶에 대한 작은 힌트를 얻고 싶은 사람이라면 이 책은 분명 좋은 나침반이 되어 줄 것이라 믿는다.

이 책에서는 10명의 저자가 인생에서 중요한 10가지 키워드를 영화를 통해 이야기한다. 이 책에 나오는 영화가 이미 보았던 영화일지라도 이전에는 미처 발견하지 못하였던 인사이트(insight)를 발견할 수도 있고, 내가 그 영화를 보며 느꼈던 감정이나 생각을 '책의 저자도 똑같이 느꼈구나'를 발견하며 공감할 수도 있다.

각 챕터별 영화와 내용을 간략하게 정리하자면, 1챕터에서는 시작이라는 키워드로 〈월터의 상상은 현실이 된다〉를 통해 행동력의 중요성에 대해 다룬다. 2챕터에서는 〈러빙 빈센트〉로 화가 빈센트 반 고흐를 통해 보는 인정 중독에 관해 이야기하며, 3챕터에서는 〈I feel pretty〉를 통해 자신의 가치에 관해 이야기한다. 4챕터에서는 〈세 얼간이〉의 명대사 'All is Well'과 함께 말의 힘에 대해 말한다. 5챕터에서는 〈위플래쉬〉를 통해 리더가 해야 할 피드백의 방향에 대해 고민해 보고, 6챕터에서는 〈악마는 프라다를 입는다〉를 통해 팔로워십에 대해 이야기하며 조직에서의 리더와 팔로워의 중요성을 함께 볼 수 있다. 7챕터에서는 〈마션〉을 통해 화성에서 생존하는 주인공을 보며 회복탄력성에 대해 알아 간다. 8챕터에서는 내 일의 의미를 〈소울〉을 통해 이야기한다. 9챕터에서는 〈하이힐을 신고 달리는 여자〉를 통해 워킹맘으로서의 삶의 의미를 되돌아볼 수 있다. 마지막 10챕터에서는 장의사의 이야기를 다룬 영화 〈굿바이〉로 죽음을 통한 삶의 의미를 성찰한다. 이렇게 책은 '시작'이라는 키워드에서 시작하여, '죽음'이라는 키워드로 끝을 맺는다. 마치 한 사람의 인생의 시작과 끝처럼 말이다.

그렇다고 해서 반드시 이 책을 1챕터부터 시작할 필요는 없다. 지금 내 인생에서 정말 필요한 것이나 궁금한 것이 있다면 그 챕터부터 시작해도 좋고, 혹은 내가 좋아하는 영화가 나오는 챕터나 역으로 내가 아직 보지 못한 영화로부터 시작해도 좋다. 어느 챕터에서부터 시작하더라도 마치 보물찾기를 하듯 생각지도 못한 인생의 보물들을 찾게 될 것이다. 그리고 마지막 페이지를 넘겼을 때는 인생을 바라보는 여러분의 시각이 더욱 풍부해지고 더 넓어져 있을 것이다.

자 그럼, 지금부터 영화를 통한 인생의 보물찾기를 시작해 보자.

권오영 | 교육 마술 강사

시작:
〈월터의 상상은 현실이 된다〉

1챕터

무슨 일이든 마음먹고 시작하는 것은 매우 어렵다. 그래서 '시작이 반이다.'라는 말도 있다. 일단 일을 시작하고 나면 끝내는 것은 어렵지 않다는 말이다. 그런데 어떤 것들이 과연 우리의 시작을 어렵게 만드는 것일까? 영화 〈월터의 상상은 현실이 된다〉와 함께 시작을 잘할 수 있는 방법을 알아보자. 그리고 원하는 목표와 일이 있다면 바로 지금, 시작해 보자.

시작할
이유 찾기
01

우리의 행동에는 이유가 있다.
그 이유를 찾으면 상상은 현실이 된다.

생각을 행동으로 이어가기

영화 〈월터의 상상은 현실이 된다〉의 주인공인 월터 미티는 라이프 잡지사에서 16년간 사진 인화 관리자로 일하고 있다. 월터의 최고 취미는 넋 놓고 현실과 같은 상상을 하는 것이다. 여느 때와 같이 출근한 월터는 원판 관리실에서 자신이 입사했을 때부터 지금까지 사진을 투고하고 있는 사진작가 숀 오코넬이 보낸 지갑과 필름 원본 그리고 쪽지를 받게 된다. "라이프 잡지사가 팔렸다는 소식 들었네. 라이프지 폐간호에 사용할 사진과 지갑을 넣어 드리네. 안쪽을 잘 보시게." "25번째 사진은 꼭 표지로 써 줬으면 하네." "그 사진에 내 작가로서 인생의 정수를(The Quintessence of life) 담았어!"

지갑 안쪽에는 라이프 지의 모토인 '세상을 보고 무수한 장애물을 넘어 벽을 허물고 더 가까이 다가가 서로 알아 가고 느끼는 것. 그것이 바로 LIFE(인생)의 목적이다'가 새겨져 있었다. 쪽지를 확인한 월터는 필름을 확인하는데, 정작 받은 원본에는 25번째 사진이 없다는 것을 알게 된다. 그는 25번째 사진의 행방을 찾기 위해 노력하였지만 번번이 실패하고, 여행 한 번 가 본 적 없는 그는 그린란드, 아이슬란드까지 다니며, 사진의 행방을 알기 위해 숀을 찾아 나선다. 그러나 결국 25번째 사진을 찾지 못했다는 이유로 월터는 회사에서 잘리게 된다.

그렇게 일상으로 돌아와 가족과 지내게 된 월터는 지갑을 버린다. 그리고 가만히 집에 앉아서 숀의 다른 사진들을 보다가 사진 속 피아노가 어머니의 피아노라는 것을 알게 된다. 월터가 어머니께 어찌 된 일이냐고 물어보자 "내가 찍었단다, 숀의 사진기로."라는 대답을 듣게 된다. 숀이 일주일 전쯤에 월터의 어머니 집을 방문해서 월터에 관해 물었다는 것을 어머니가 월터에게 이미 말했지만, 월터가 다른 생각을 하다가 듣지 못했던 것이었다.

월터는 어머니의 도움으로 아프가니스탄으로 가서 드디어 숀을 만나게 된다. 월터가 25번째 사진에 관해 묻자 숀은 그 사진은 자신이 준 지갑에 들어있다고 말해준다. 지갑을 찾은 월터는 바로 라이프 잡지사로 가서 지갑 속 25번째 사진을 전한다. 그리고 며칠 후 길을 걷던 월터는 25번째 사진이 표지에 장식된 라이프 지 폐간호를 보게 된다. 월터가 찾으려고 그렇게 고생했던 25번째 사진의 정체는 바로 필름을 검사하고 있던 월터 미티의 사진이었다. 묵묵히 자기 일에 최선을 다하는 그의 모습에 '라이프'의 정수가 담겨 있다는 것. 16년간 함께 일하면서 자신의 사진에 담긴 정서를 최대한으로 살려 준 월터에 대한 숀의 경애와 애정이 느껴지는 장면으로 영화는 마무리가 된다.

　우리는 월터처럼 직접 경험해 보지 않은 일들을 상상하곤 한다. 내 상상이 진짜인지 아닌지, 내가 바라는 상상이 현실에서 가능한지 불가능한지는 상상에서 나와서 직접 확인해 봐야 그 진실을 알 수 있다. 지금 망설이고 있는 일이 있다면 망설임 속에서 나와서 시작해 보자.

목표 설정과 성공

　'나는 의지가 약하고 실천력도 부족해'라고 생각 때가 있는데 그럴 필요 없다. 천 리 길도 한 걸음부터라는 속담처럼 차분하게 가능하고, 현실적인 목표를 세우고 차근차근 전진해 나가야 한다. 간혹, 욕심이 앞서 자신의 능력에 비해 무리한 목표를 정하는 사람이 있는데 그렇게 되면 목표를 달성하기가 쉽지 않을 것이다. 그러다 보면 조그마한 장애에 부딪히게 되어도 어쩔 줄 몰라 하다가 결국 중도에 포기하게 될 수도 있다. 그렇다면 중도 포기 없이 성공을 맛본 사람은 어떤 행동을 할까? 그들은 실천하지 않으면 아무것도 달라지지 않는다고 말한다. 경영 컨설턴트인 혼다 캔은 부자들의 생활습관을 연구하기 위해 일본 국세청 고액납세자 명단을 확보해 그중 백만장자 1만 2천 명을 대상으로 인터뷰와 설문조사를 실시했다. 조사 결과 부자들의 재미있는 특성을 발견할 수 있었는데 바로 고소

득자일수록 설문조사에 대한 응답시간이 매우 빨랐다는 점이다. 부자들이 한가해서 그랬을까? 아니다. 어차피 할 일이라면 빨리 처리하는 것이 여러모로 유리하다는 사실을 체험을 통해 알고 있었기 때문이다. 성공한 기업가들은 대부분 새롭게 구상한 일이 있으면 24시간 이내에 뭔가를 실행한다고 한다.

많은 사람들은 당장 할 수 있는 일도 꾸물거리면서 미루고, 굳게 결심한 다짐을 회피하기도 한다. 오늘부터 어떤 결심이 섰다면 우물쭈물하지 말고, 24시간 이내에 바로 행동하는 습관을 만들어 보자. 우리는 간혹 일을 하고자 할 때, 너무 어려워 제대로 할 수 없을 거란 생각을 한다. 그래서 행동하기도 전에 목표를 중단하기도 한다. 반면 목표에 도달하는 사람들은 다르다. 그들은 아무리 어려운 일이라도 당장 손쉽게 할 수 있는 작은 일을 찾아내려 노력한다. 결국 이들은 작은 일로부터 시작해 모두가 불가능하다고 여기는 큰일을 해내고 만다. 도저히 엄두가 나지 않는 일이 있다면 일단 작은 일로부터 시작해 보길 바란다. 이때 완벽하지 않아도 좋다는 생각을 가져야 한다.

리치 다보스는 "행동이 성공을 낳는다."라고 말했으며, 아리스토텔레스는 "우리는 행동으로 배운다."라고 말했다. 행동하는 사람을 따라잡을 방법은 없다. "Just Do It." 지금 바로 행동에 옮겨라. 생각하는 대로 옮기는 사람이 성공한다.

해 봐야
알 수 있다
02

길고 짧은 건
대 봐야 아는 법

도전을 두려워하지 말자

영화 〈세상에서 가장 빠른 인디언〉의 버트 먼로는 뉴질랜드에서 태어나 어릴 때부터 속도광의 모습을 보였다고 한다. 15세부터 모터사이클을 타기 시작했으며 20대에는 본격적인 모터사이클 라이프를 시작해 다양한 장르의 레이스를 경험했다. 1920년에 운명적인 모터사이클인 인디언 스카우트를 구입하게 되었고 개조에 착수했다. 하루 16시간 동안 차고에서 작업하는 날도 있었고, 새로운 부품을 직접 개발해 자신의 모터사이클에 적용했다. 본래는 최고속도 90km/h가 채 되지 않는 스카우트지만 10여 년을 개조한 끝에 엄청난 속도를 자랑하는 스트림라이너로 완벽하게 탈바꿈했다. 1938년 뉴질랜드에서 첫 기록을 수립한 것에 이어 1950년대에는 그가 살던 뉴질랜드에서 가장 빠른 사나이가 되었다. 너무나도 빨라진

버트 먼로와 그의 인디언은 더 이상 뉴질랜드에서 최고속도를 측정할 수 없는 수준에 이르렀다. 그래서 그는 지구 반대편에 있는 미국까지 가기로 한다. 그러나 그를 기다리고 있는 것은 예상치 못한 고난이었다. 그가 모아 둔 돈과 후원금을 모두 사용해도 미국에서 활동하기에는 턱없이 부족했다. 하지만 그는 포기하지 않았다. 미국으로 가는 배에서 요리사로 일하기도 하며, 미국 진출에 성공했다.

1962년, 그는 마침내 꿈에 그리던 대회에 참가하게 됐고, 개막전에서 1920년식 인디언으로 시속 288km/h의 속도를 기록하면서 883cc 미만 클래스 세계기록을 수립하는 데 성공한다. 당시 '그의 나이 64세'였다. 하지만 그 정도에서 만족할 버트 먼로가 아니었다. 그는 인디언 스카우트를 끊임없이 개조했고, 매년 신기록 수립을 위해 도전했다. 1966년에는 920cc로 보다 업그레이드된 인디언으로 1000cc 미만 세계 기록을 경신했으며 이후에는 950cc까지 배기량이 올라갔다. 영화 속의 명대사 "때로는 평생을 사는 것보다 5분을 빠르게 달리는 것이 더 소중할 때가 있다."라는 말처럼 1967년에 그는 최고의 5분을 보냈고 시속 295.453km이라는 공식 기록을 달성하는 데 성공한다. 비공식적 기록까지 포함하면 시속 331km라는 놀라운 기록 달성까지 성공하면서 마침내 세상에서 가장 빠른 인디언이 된 것이다.

우리에게 꿈이나 목표를 위한 시작이 왜 중요할까? 〈세상에서 가장 빠른 인디언〉의 버트 먼로는 말한다. "가야 할 때 가지 않으면, 가려 할 때는 갈 수가 없단다."

기회는 왔을 때 잡아야 한다

그리스 로마 신화에 제우스의 막내아들 기회의 신이라 불리는 카이로스(Kairos)의 동상은 앞머리엔 숱이 많고, 뒷머리는 대머리인 우스꽝스러운 모양으로 되어 있고, 발뒤꿈치와 어깨에 날개가 달려있다.

동상 밑에는 카이로스의 모양새에 관해 설명하는 글이 있다. "기회는 지나가면 잡을 수 없고, 기회는 빠르게 지나간다." 카이로스의 동상의 모습과 뜻처럼 기회는 순식간에 지나간다. 우리는 기회가 왔는데 놓치는 경우가 있다. 우리는 왜 온 기회를 놓치고 마는 걸까? 준비가 아직 안 돼서? 실패가 두려워서? 가지각색의 이유가 있을 것이다. 어떤 이유든 기회는 시도하지 않으면 잡을 수 없다. 또 우리는 기회가 왔는데 기회인지 몰라서 놓치는 경우도 있다.

어떤 한 남자가 물에 빠졌다. 황소가 지나가다 말하길 "도와줄까?" 하지만 남자가 말하길 "필요 없어. 신이 날 구할 거야." 또 다른 황소가 말하길 "도와줄까?" "필요 없어." "신이 날 구할 거야." 물에 빠져 황소와 대화하던 남자는 물에 빠져 죽어 천국에 갔다. 남자가 말하길 "신이여 왜 절 구해 주지 않았나요?" 신이 말하길, "너한테 커다란 황소 두 마리나 보냈잖아, 멍청아!"

우리의 삶 속에는 기회의 신호가 뚜렷하지 않을 때가 더 많다. 그렇기 때문에 '기회인 것 같다' 싶으면 잡아야 하고 직접 기회를 만들려면 시작해야 한다.

성공을 이루는
행동방법
03

우리의 인생에도
잘 풀리는 행동 패턴이 있다.

실패에 대한 두려움 없애기

구두 영업을 하는 두 사람이 함께 아프리카 오지를 찾아갔는데, 그곳의 원주민들은 모두 맨발이었다. 두 사람은 서둘러 각자 회사에 알렸다. 한 사람은 '원주민들은 모두 맨발. 구두 판매 불가능!'이라는 내용이었고, 다른 한 사람은 '원주민 모두 맨발. 매우 희망적임. 구두를 보낼 것.'이라는 내용을 보냈다. 처음부터 무리라고 생각하고, 할 수 없는 이유를 생각하면, 할 수 있는 일은 아무것도 없다. 모든 일에 할 수 있다는 긍정적인 마음이 중요하다.

실패를 이겨 내는 것은 자신에 대해 이해하는 것에서부터 시작된다. 먼저 해야 할 것은 실패했을 때 느끼는 감정을 극복하는 것이다. 인간관계,

연애, 일을 포함한 다른 목표에서 실패하는 것은 당신을 그 자리에 주저앉게 할 수 있지만 실패로 인한 실망감과 자신의 실수를 포용한다면 기죽지 않고 다음 발걸음을 내디딜 수 있게 될 것이다.

실패했다는 생각이 들면 아마 자기 비난과 실망감, 체념 등의 감정이 떠오르기 시작할 것이다. 이런 부정적인 감정은 정신적 건강은 물론 육체적 건강에까지 영향을 미친다. 그렇기에 긍정적 재해석이 필요하다. 이는 실패를 비롯한 상황 속에서 긍정적인 요소를 찾아내는 것을 의미한다. 먼저 실패를 바라보도록 하자. 그리고 다른 관점으로 바라보도록 한다. '실패'라는 것은 주관적이기 때문에, '일을 찾는 것을 실패했어'라는 말 대신에 '아직 일을 찾지 않았어', '내가 생각했던 것 이상으로 취업 시장이 힘들구나'라고 말해 보는 것처럼 말이다.

대신 이 방법을 시도할 때 자신의 실패를 없애려고 하지는 않는다. 단지 자신의 실패에 판단을 개입시키지 않고 객관적으로, 긍정적으로 바라보는 것이다. 이미 지나간 일을 계속해서 떠올리고 머릿속에서 반복해 재생하는가? 아무리 머릿속에서 다른 방법을 제시하며 다른 결과가 있었을 거라고 과거를 회상한다고 하더라도 부정적인 감정만 증폭될 뿐, 현 상황에 대한 해결책을 보여 주지는 않는다. 중간중간 멈춰서 자신이 실패로부터 어떤 점을 배웠는지 생각하는 시간을 가져 보자.

동기부여 만들기

　동기는 어떤 일을 끝마치는 데 밀어붙일 힘이 되지만, 필요하다고 해서 항상 생기는 것은 아니다. 일을 시작하거나 끝맺을 때 어려움이 느껴진다면, 계속해 나갈 힘을 스스로 부여해 보자. 약간의 자극이 도움이 될 수 있으니 친구나 가족, 그룹에 나에게 책임을 물을 것을 부탁해 보는 것도 방법이다. 그리고 장기적인 계획을 성취하려면, 명확하고 통제가 가능한 목표를 설정해서 계획을 실천해 나가는 내내 동기가 유지될 수 있도록 하는 것이 좋다.

　먼저 하고자 하는 이유를 상기시키는 게 좋다. 종종 업무나 프로젝트를 계속해 나가기 위해서 약간의 격려가 필요하기도 하다. 일을 마쳐야 하는 이유를 크게 말해 보거나 적어 보면 도움이 된다. 그리고 일을 마쳤을 때 얻을 수 있는 이점도 떠올려 보면 좋다. 하고자 하는 이유를 상기시켰다면 다음으로, 업무를 작은 단위로 나눈다. 예를 들면 빠르게 끝낼 수 있는 쉬운 일부터 시작해서 일에 가속도를 붙여 보는 방법이다. 그리고 이왕 시작했다면 그 활동을 재미있게 만드는 것도 동기부여에 좋은 방법이다. 하기 싫은 활동은 더더욱 시작하기가 어렵다. 그러므로 활동을 재미있게 만들 방법을 떠올려 보자. 다른 사람과 함께 해 보거나 새롭게 할 수 있는 방법을 찾는 등, 여러 가지 흥미로운 방법을 찾는 것이 좋다.

　마지막으로 완전히 지치지 않도록 휴식을 취해 주는 것이 좋다. 너무 과하게 진행하다 보면 생산력이 저하되기 때문이다. 스스로 긍정적인 확언을 해 보자. '내가 마음만 먹는다면 어떤 일이든지 마칠 수 있다'고 스스로 말해 보자.

작은 습관 루틴 만들기

　루틴(routine)은 운동루틴, 생활루틴 등 반복 행동을 통해 '효과'를 내는 기법으로 사용된다. 특히나 운동선수들이 많이 사용하는데 운동선수들은 반복적인 루틴을 통해 징크스가 오지 않게 하거나, 좋은 성적을 유지하는데 많이 활용한다. 야구는 선수들의 루틴이 가장 많은 스포츠로, 대한민국의 야구선수 이승엽은 홈런을 친 날에는 아무리 늦게 들어와도 유니폼을 다시 빨았다고 한다. 홈런을 친 유니폼을 빨아 입고 나가면 다음 날도 타격이 좋아진다는 믿음을 갖고 있었기 때문이다.

　그렇다면 우리는 어떤 식으로 도움 되는 루틴을 만들 수 있을까? 먼저 루틴을 만들기 전에 루틴이 중요한 이유를 알아야 한다. 루틴이 완성되는 순간 그 일은 해야 하는 일로 바뀌기 때문이다.

　루틴을 만들 때 한 가지 좋은 방법은 과거에 성공적이었던 자신만의 루틴을 이용 또는 변형하는 것이다. 중요한 점은 반복적인 행동을 통해 나의 목표에 가까워지는 것을 느낄 수 있어야 한다. 성공을 위한 방법에는 정해진 정답이 없기에, 여러 가지 루틴을 만들어보며 나에게 효과적인 방법을 찾아야 한다. 결국 루틴은 자신에게 맞는 방법을 찾아서 반복하는 훈련이다.

과정을 즐기기

하루 3번 양치질하기, 하루 3번 밥 먹기 정말 아무것도 아닌 것 같지만, 평소에 이런 규칙적인 습관이 없던 사람이 자신이 세운 목표에 성공한 거라면, 이런 작은 성공들도 우리에게 안정감과 자신감을 불어넣게 된다. 거창한 시작보다 작은 성공을 목표로 하여 시작하는 것이 중요하다. 24시간이 다 모여야 하루가 된다. 24시간 동안 24번의 성공을 맛보다 보면 자존감 향상과 함께 작은 성공의 매력에 빠질 것이다.

사람들은 '과정'을 이겨 내지 못한다. 뭔가를 시작하지 않는 가장 큰 이유는 모든 단계와 대대적인 계획부터 정해놓은 다음에 첫걸음을 내디뎌야 한다고 생각하기 때문이다. 그런 계획이 없으니 시작조차 하지 않는 것이다. 프로야구선수 스즈키 이치로는 다음과 같이 말한다. "나는 자신과 한 약속을 한 번도 어긴 적이 없습니다." 그는 철저히 과정을 즐겼다. 이치로는 시즌이 끝난 다음 날과 크리스마스만 쉬고 매일 훈련했다고 한다. 1년 365일 중 2일을 제외하고 363일을 훈련했다는 얘기다. 이치로는 그런 삶을 30년 넘게 유지해 왔다.

성공은 나중에 뒤돌아보아야만 반드시 그렇게 될 수밖에 없었다는 걸 알 수 있다. 목표는 최대한 잊어버리는 게 좋다. 목표를 정한 다음에는 목표 자체는 최대한 잊어버려야 한다. 물론 구체적인 목표가 있어야만 한다. 그런데 왜 잊어야 한다고 하는 걸까? 현시점에서 바라보는 목표는 너무 멀리 있기 때문이다. 시작점에서 목표지점이 너무 멀면 나와는 상관없는 일이 되어, 포기하고 싶은 마음이 먼저 든다. 그래서 일단 목표는 최대한 잊어버려야 한다. 대신 무엇보다 목표를 일과에 녹여내는 시스템을 만드는 과정이 필요하다. 간혹 운이 좋아서 중간에 의미 있는 목표가 달성될 수도 있지만 대게 성공적인 결과물은 하루하루가 쌓여 생기기 마련이다.

너무 많이 생각하지 않기

    무언가를 시작하면서 많은 생각을 한다면 '너무 많은 생각을 하고 있는 것은 아닌가?' 곱씹어 볼 필요가 있다. 그리고 같은 생각에 반복적으로 열중하고 있지는 않은지, 특정한 것에 관한 생각으로 인해, 발전이 없지는 않은지 생각해 볼 필요가 있다. 어떻게 생각을 멈추어야 할지 모르겠다면, 명상의 '내려놓기'를 배워 보자. 그것은 의식적으로 할 수 있는 방법이다. 생각이 호흡과 같다고 상상하면 된다. 이제 어느 정도 생각 정리가 되어 시작하기에 필요한 생각만 남았다면 독서를 한다. 다른 사람들의 생각에 관심을 가지면, 통찰력을 가지게 될 뿐만 아니라, 자신에 대한 지나친 생각에서 벗어날 수 있다.

고민보다
행동
04

고민의 횟수를 줄이고
행동의 횟수를 늘려 보자.

시작을 공개하자

주변에 뭔가 하기만 하면 잘되는 것 같은 사람들이 있다. 그들에게는 과연 어떤 능력이 숨어 있어서 이런 결과를 만들어 내는 걸까? 뭘 해도 잘되는 사람들은 어떤 결심이 서면 이를 공개적으로 선언한다. 이들은 자기 생각이나 목표를 누군가에게 공개적으로 알릴 경우 번복하기 어렵다는 사실을 잘 이해하고 있다. 그래서 의도적으로 외부의 힘을 활용해 자신을 통제한다. 반면 보통 사람들은 목표를 세우더라도 은밀하게 마음속으로만 다짐한다. 설사 그 목표가 흐지부지되더라도 누구 하나 뭐라고 할 사람이 없기 때문에 매번 작심삼일로 끝을 맺는다. 이에 관한 유명한 실험이 있다. 심리학자 스티븐 헤이스(Steven C. Hayes)는 목표 공개 여부에 따라 학생들의 성적에 어떤 변화가 있는지 살펴보았다. 먼저 학생들을 세 그룹으로 나누고, 첫 번째 그룹에는 본인이 받고 싶은 목표 점수를 다른 학생들에게는 공개하도록 했다. 이어서 두 번째 그룹은 목표 점수를 마음속으로만 생각하게 했고, 세 번째 그룹에는 아예 목표 점수를 요청하지도 않았다. 실험 결과, 본인의 목표 점수를 공개했던 첫 번째 그룹은 두 번째, 세 번째 그룹보다 현저히 점수가 높았다. 이처럼 사람들은 말이나 글로 자기 생각을 공개하면 끝까지 그 생각을 고수하는 경향이 있는데 이를 '공개선언 효과(Public Commitment Effect)'라고 한다. 이처럼 고민하지 않고 행동하기 위해서는 가까운 가족, 지인들에게 내가 원하는 목표를 공개해야한다. 그러면 책임감, 의무 등으로 무게가 실리게 되어 실행할 수 있게 된다.

포기하지 말자

당신에게 정말로 가치 있는 것이 무엇인지 알아보도록 하자. 직장에서의 성공인가? 돈과 명예인가? 학문적 성과인가? 당신의 가치관을 따르며, 당신에게 큰 의미를 지닌 목표를 설정하는 것이 시작한 동기를 장기간 유지하는 길이 될 것이다. 자신의 가치관에 대해 자세히 알아보는 시간을 가졌으니 이제 단기적, 장기적 목표를 세워 보는 단계로 넘어가 보자. 단기적 목표는 장기적 목표로 넘어가기 위한 하나의 이정표 역할을 하며 동기를 지속해서 상기시키는 역할을 한다. 당신의 목표에 가까워짐에 따라 성과를 확인하게 해 주며 계속해서 노력할 수 있게 해 준다. 비현실적이고 무리한 목표를 세우는 것은 실패할 확률을 높이기만 한다. 항상 완벽한 직장과 완벽한 집, 완벽한 삶을 살기를 원하는 사람은 완벽주의자라고 불린다. 물론 최고를 이루겠다는 마음가짐 자체는 좋으나 과도하게 완벽주의를 추구하는 것은 비생산적이며 삶을 불행하게 만드는 지름길이다. 위에서 이미 설명했듯이 장기적인 목표를 단기적 목표로 나누는 것은 중요한 과정이다. 목표에 집중하면서도 동시에 목표가 너무 멀리 있지 않다는 느낌을 스스로 줄 수 있다.

추가로 자신이 세운 목표를 더 잘 관리하고 싶다면, 단기적인 목표들을 더 잘게 나눠 보도록 한다. 자신의 목표와 현재 어디까지 진행했는지를 확인하기 위한 시간을 가지는 것도 의욕과 집중을 유지하기 위해 중요하다. 필요와 상황에 따라 장기적 목표를 수정해야 할 수도 있다. 큰 장기적 목표를 작은 단기적 목표들로 나누고 진행 과정을 평가해 나가는 것은 중요한 일이다. 하지만 자신이 어떤 목표를 이뤘을 때 이를 축하하고 격려하는 것 역시 동등하게 중요하다. 아무리 작은 성공이라도 하나의 승리로 여기고 기쁘게 여기도록 하자. 이를 통해 동기를 유지하고, 막연하지만 기대를 할 수 있다.

뭔가를 시작해서 실행하다 보면 너무 힘들어 포기하고 싶거나 포기하는 것이 유일하게 남은 선택인 것처럼 보일 때가 있다. 아무리 노력을 해도 목표를 이루는 것은 요원하며 절대 꿈에 가까워지지 않는다는 생각이 들 수도 있다. 사실 포기하기는 쉽다. 하지만 이렇게 낙담했을 때, 자신의 목표를 다시 한번 생각하고 시작한 그때의 용기를 기억하자.

일단, 시작하자

아무것도 하지 않는 것보다 행동을 택하면, 재미난 일이 벌어진다. 내 마음을 괴롭히던 일들을 잊게 된다. 간단히 말해 행동을 하게 되면 다른 것을 생각할 시간이 없다. 무언가를 하느라 바쁘면 내면의 걱정과 부정적인 말에 집중하기가 힘들다. 중요한 것은 계기다. 일단 움직이기 시작하면 계속 움직이는 것은 어렵지 않다. 엄두가 안 나게 길어 보이던 길도 일단 속도가 나기 시작하면 흐릿하게 보인다. 하지만, 그렇게 되려면 먼저, 시동을 걸고 차를 길 위에 올려야 한다. 차가 저절로 출발해 진입로 입구에서 참을성 있게 당신을 기다려 주지는 않는다. 그런데 생각해 보면 대부분의 사람이 그렇게 하고 있다. 우리는 나 대신 누가 운전해 주기를 바란다. 우리는 생산적인 기분이 들면 삶을 더 잘 헤쳐 나갈 수 있을 거라고, 자신감 있는 기분이 들면 일이 더 쉬워지거나 할 만해질 거로 생각한다. 하지만, 가고 싶은 곳에 도착하려면 당신이 직접 운전대를 잡아야 한다. 준비가 되었든 아니든, 안전벨트를 하고 가속 페달을 힘차게 밟아야 한다.

"To see the world, things dangerous to,
to see behind walls, draw closer,
to find each other, and to feel.
That is the purpose of life."

"세상을 보고 무수한 장애물을 넘어 벽을 허물고
가까이 다가가 서로를 알아보고 느끼는 것.
그것이 우리가 살아가는 인생의 목적이다."   - 〈월터의 상상은 현실이 된다〉 중에서

유의정 | Re:]ducation 대표

인정:
《러빙 빈센트》

2챕터

인간은 본능적으로 자신의 생존 이유에 대해 확신을 얻고자 한다. 인간의 생존을 위해 필요한 '생리적 욕구' 외에 인정욕구는 삶에서 꼭 필요한 '심리적 욕구'이다. 특히 타인에게 나의 어떤 능력이 뛰어나다는 것을 인정받는 일은 내가 가치 있는 존재라는 믿음을 준다. 그러나 인정이 삶의 전부가 되었을 때 결국 타인의 기준에 나를 맞추어 살아가며, 스스로 불행에 빠지게 된다. 영화 《러빙 빈센트》 속 '빈센트 반 고흐'의 삶을 통해 내가 나를 인정하고 나아가는 방법에 대해 함께 알아보자.

빈센트 반 고흐,
그의 미스터리한 죽음의 진실

01

모두가 사랑하는 화가 빈센트 반 고흐는
왜 이렇게 인정받고 싶어 했는가?

반 고흐는 왜 스스로 목숨을 끊었을까?

   10년의 작품 활동 기간, 900여 점의 유화와 1100여 점의 습작들, 그러나 생전에 팔린 작품은 단 1점. 전 세계적으로 모두가 사랑하는 화가이자 가장 잘 알려진 예술가 빈센트 반 고흐(이하 '빈센트')의 이야기다. 미술이나 예술에 관심 없는 이들도 빈센트 반 고흐라는 이름에 대해 들어 보았거나 그의 작품 몇 점은 본 적이 있을 것이다. 이와 더불어 빈센트가 스스로 생을 마감했다는 사실은 매우 많은 사람들에게 알려져 있다. 〈러빙, 빈센트〉라는 애니메이션은 빈센트의 삶을 그의 죽음으로부터 시작한다.

   이 영화는 빈센트 사후 1년에서부터 시작한다. 집배원 룰랭은 그의 아들인 아르망에게 빈센트가 마지막으로 남겼던 편지를 동생인 테오에게 직접 전해 줄 것을 부탁한다. 아르망은 예전에 빈센트가 자신의 귀를 자르는 것을 목격한 적이 있기에 그를 미치광이로 여기고 있었으나 아버지 룰랭의 간절한 부탁에 파리로 떠나게 된다. 아르망은 빈센트가 생전 교류했던 사람들을 만나며, 그에 대한 일화를 하나씩 듣기 시작한다. 그리고 그의 죽음에서 무언가 석연치 않은 점을 느낀다. 또한 빈센트의 죽음이 자살이 아닌 타살일 수 있다는 주변 사람들의 견해를 들으며, 아르망의 의심은 빈센트가 살해당했다는 확신으로 변한다. 점차 아르망은 빈센트에 대한 자신의 편견과 오해에 대해 미안한 마음과 죄책감에 시달리게 되고, 마침내 빈센트가 죽기 직전에 진료를 담당했던 의사인 가셰 박사를 만나게 된다. 그리고 가셰가 그의 총상을 치료하지 않은 것은 테오에게 짐이 되고 싶지 않다는 빈센트의 바람 때문이었다는 이야기를 듣게 된다. 빈센트가 자신의 경제적인 문제 해결을 모두 부담해 온 동생 테오에게 죄책감을 줄곧 느끼고 있었다는 것이다. 빈센트가 죽은 후 얼마 되지 않아 테오도 사망했음을 알게 된 아르망은 가셰를 통해 테오의 부인에게 편지 전달을 부탁하며 집으로 돌아간다. 그리고 영화의 마지막은 아르망이 전달하고자 했던 빈센트의 편지 내용과 함께 론 강의 별이 빛나는 밤하늘과 자신의 자화상을 그리는 고흐의 모습을 보여 주며 끝을 맺는다.

"I want to touch people with my art.
I want them to say: he feels deeply, he feels tenderly."

"난 내 예술로 사람들을 어루만지고 싶다. 그들이 이렇게 말하길 바란다.
그는 마음이 깊은 사람이구나, 마음이 따뜻한 사람이구나."

인정받고 싶었던 위대한 화가

영화에서 결국 빈센트가 스스로 총을 쐈는지 아닌지는 끝내 밝혀지지 않는다. 우리가 알고 있는 것처럼 여러 가지 미스터리로만 남을 뿐이다. 그러나 여기에서 중요한 것은 빈센트가 스스로 총을 쐈는지가 아니라 스스로 치료를 거부했다는 것이다. 그리고 그 이유를 자세히 들여다보면, 그가 살면서 마주했던 사람들과의 관계에 있다는 것을 알 수 있다. 영화의 스토리는 빈센트를 인정하지 않는 아르망의 시점으로 시작된다. 그리고 끊임없이 그를 비난하고 이상한 사람 취급을 했던 주변 사람들의 이야기를 통해 빈센트가 얼마나 외로웠는지를 짐작할 수 있다. 특히 고갱과의 불화로 인해 한쪽 귀를 잘랐던 사건은 이미 잘 알려진 이야기이기도 하다. 고갱은 빈센트가 가장 인정받고 싶어 했던 동료이자, 친구이자, 스승 같은 존재였다. 그러나 끝까지 그런 고갱에게서 빈센트는 인정받지 못한다.

실제 빈센트의 삶을 들여다보면, 어릴 적부터 인정과 사랑을 받고 싶어 했던 사람으로 보인다. 빈센트에게는 사실 형이 하나 있었는데 그 형의 이름도 바로 빈센트였다. 형은 빈센트가 태어나기도 전에 죽었고, 부모님은 빈센트에게 죽은 형의 이름을 붙여 주었다. 죽은 형과 같은 이름을 가지고 있었던 빈센트는 형을 대신해 본인이 살고 있다는 생각을 항상 하였다고 한다. 아버지의 뒤를 이어 목사가 되려고 했던 점과 실제 큰아버지의 화랑에서 일했던 것은 가족들에게 인정받고 싶었던 빈센트의 마음이었을 것이다. 그리고 벨기에의 악명 높은 탄광 지대인 보리나주에서 전도사로 근무하며 사람들에게 헌신하였으나, 그의 그런 노력을 사람들은 쉽게 알아주지 않았다. 사랑하는 연인들과의 관계 역시도 그랬다. 화가가 되고 나서는 많은 화가와 함께 조합을 설립하여 작업하기를 바라지만 이마저도 녹록지 않았다. 생전에 빈센트를 가장 인정해 주었던 사람은 동생 테오가 유일했다.

이렇게 애쓰고 있는 나를 누구라도 알아 달라고… 그리고 나의 힘듦과 고통을 알고 인정해 달라는 신호로 고갱과 다툼 이후 귀를 잘라 창녀에게 주었던 것은 아니었을까? 그러나 그의 이런 표현 방식은 사람들이 그를 이해하지 못하게 만들었을 것이다. 사람들은 자기 자신 혹은 타인들과의 관계에서 갈등이 생겼을 때, 자신을 해하는 방법으로 갈등을 해결하지 않기 때문이다. 생전에 인정받고 싶었던 화가는 아이러니하게도 사후에 가장 인정받는 위대한 화가가 되었다.

우리는 모두 인정에 중독되어 있다

아이는 부모에게 칭찬받기 위해 착한 일을 한다. 직장인은 회사로부터 인정받기 위해 열심히 일한다. 혹은 모르는 타인으로부터 '좋아요'를 받기 위해 SNS에 열심히 정보를 포스팅하는 사람들도 있다. 미국의 심리학자 윌리엄 제임스(William James)의 연구에 의하면, 인간이 가진 가장 깊은 욕구 가운데 하나는 타인으로부터 '인정받고 싶은 욕구'라고 한다. 이것은 어쩌면 인간이 가진 가장 기본적인 욕구 중 하나이며 아주 강력한 동기부여가 되기도 한다. 인정욕구(Need for Approval)는 다른 사람이 자신에게 긍정적 태도와 반응을 보이기를 기대하고 이에 부응하고자 하는 욕구로 정의된다. 연인이나 가족, 친구 등의 가까운 사람들로부터 지지를 받고 있지 않다고 느끼면, 개인은 자신이 원하는 모습에 대해 불확실하게 생각하며 의심한다.

인간은 본능적으로 자신의 생존 이유에 대해 확신을 얻고자 한다. 식욕과 수면욕이 인간의 생존을 위해 꼭 필요한 '생리적 욕구'라면 인정욕구는 인간의 생존을 위해 꼭 필요한 '심리적 욕구'이다. 특히 타인에게 나의 어떤 능력이 뛰어나다는 것을 인정받는 일은 내가 가치 있는 존재라는 믿음을 준다. 더불어 자신감과 자존감을 느끼게 하고 더 나아가 삶의 목표가 생기게 할 수 있다.

문제는 인정이 삶의 전부가 될 때 나타난다. 타인으로부터 '좋은 사람', '유능한 사람', '괜찮은 사람'이라는 평가나 인정을 받아야지만 비로소 나라는 존재에 대해 안심하게 되는 것이다. 이런 상황을 '인정중독(Approval Addiction)'이라고 부른다. 인정중독에 빠진 사람들은 스스로에 대한 의심에 빠져 인정을 받더라도 금세 불안해한다. 그리고 그 불안에서 벗어나기 위해 더 강력한 인정을 집요하게 찾게 된다. 이런 현상을 '병적 인정 추구(Pathological Approval Seeking)'라고 한다. 그렇다 보니 타인의 말 한마디 한마디에 의미부여를 하며 그에 따라 행동하게 되고, 결국 타인의 기준에 나를 맞추어 살아가게 된다.

누구나
인정받고 싶다

02

인정중독을 만들어 내는 사회에서
나는 어느 정도의 인정중독 수준에 있는지 알아보자.

천재들은 왜 인정받고 싶어 했을까

1823년 눈보라 치는 밤, 한 노인이 자살 시도를 한다. 그 때문에 정신병원에 수감된 노인의 고해성사를 듣기 위해 신부가 찾아온다. 이때 노인이 피아노곡을 연주하는데 신부는 단 한 곡도 알지 못한다. 그러다 마지막, 익숙한 한 멜로디가 흘러나오자 신부는 음정을 흥얼거리며 기쁜 마음에 묻는다. "제가 좋아하는 곡입니다. 선생님께서 작곡하신 곡인가요?" 이에 노인은 씁쓸한 표정을 지으며 말한다. "이 곡은 제가 작곡한 곡이 아닙니다."

바로 1984년에 개봉한 영화 〈아마데우스〉의 첫 장면이자 바로 살리에리의 등장 장면이다. 미술사에서 빈센트 반 고흐가 가장 사랑받는 인물이라면, 음악사에서 우리에게 사랑받는 또 다른 천재가 있다. 바로 볼프

강 아마데우스 모차르트(이하 '모차르트')이다. 35년의 짧은 생애에도 불구하고, 현존하는 작품 수만 약 600편 정도에 이르는 곡을 남긴 모차르트는 뒤늦게 미술 작품을 시작한 빈센트와는 다르게 어릴 때부터 일찌감치 천재성을 인정받은 인물이기도 하다. 마지막에 살리에리가 연주한 곡은 바로 모차르트의 세레나데 제13번 아이네 클라이네 나흐트무지크(Eine kleine Nachtmusik)이다.

'살리에리 증후군(Salieri Syndrome)'이라는 심리학 용어가 있다. 비슷한 직종이나 직장에 종사하는 사람 중 탁월하게 뛰어난 1인자를 보며, 2인자로서 열등감이나 무기력감을 느끼는 현상을 일컫는다. 바로 살리에리 증후군은 이 영화의 이야기와 같이 유래된 말이다. 이 영화는 천재 모차르트에게 열등감을 느낀 음악가 안토니오 살리에리(이하 '살리에리')의 시선에서 바라본 모차르트의 일생과 그의 죽음에 관한 이야기를 다룬다. 우리는 살리에리 증후군 때문에 살리에리를 2인자 혹은 실력이 부족한 사람으로 많이 인식하고 있다. 하지만 실제 살리에리는 당시 전 유럽에서 매우 인기 있는 음악가였으며, 죽기 직전까지 궁정악장을 지내면서 윤택한 삶을 누렸다.

모차르트는 3살 때 클라비어(Klavier, 건반이 달린 현악기의 총칭) 연주를 터득했고, 5살 때 이미 작곡을 시작한 것으로 알려져 있다. 아버지 레오폴트 모차르트(이하 '레오폴트')는 아들의 음악적 재능을 보고 아들을 서포트 하기 위해 본인의 작곡을 그만두었다. 그리고 모차르트가 6살이 되던 1762년부터 온 가족을 데리고 10년 동안 유럽 각지를 돌며 음악의 신동이었던 모차르트를 널리 알리고, 모차르트가 더욱 성장할 수 있는 기회를 만들기 위해 노력했다. 아버지의 큰 노력과 가족들의 희생 덕분에 모차르트는 널리 인정받는 음악가가 되었다.

반대로 살리에리는 이탈리아 상인의 아들로 태어났는데, 어릴 때부터 음악에 매우 관심이 많았으나 아버지의 반대로 음악을 배울 수 없었다. 아버지가 돌아가신 다음에야 겨우 음악을 공부 할 수 있었고, 엄청난 노력으로 교회 지휘자에서부터 궁정악장의 자리까지 오르게 된다. 이런 살리에리에게 모차르트의 환경과 재능은 매우 부러운 것이었다.

그러나 모차르트는 아버지의 기대와는 달리 자유분방한 성격 때문에 그는 왕궁이나 귀족들에게 굽신거리며 자리를 얻으려고 하지 않았다. 그래서 결국 프리랜서 작곡가로서 길을 걷게 된다. 이 때문에 모차르트의 안정적인 성공을 위해 긴 시간을 노력했던 레오폴트와 결국 사이가 벌어지게 된다. 특히 모차르트가 레오폴트의 허락 없이 그가 매우 반대하던 결혼을 강행하면서 더욱 갈등이 심화된다. 결국, 1787년 5월, 건강이 좋지 않았던 레오폴트의 부고 소식에도 모차르트는 부친의 장례식에 참석하지 않는다. 영화에서는 모차르트가 아버지의 죽음에 죄책감을 느끼다 35살의 젊은 나이로 짧은 생을 마감한다. 빈센트 반 고흐와 다르게 누구보다도 많은 것을 가졌던 두 천재인 모차르트와 살리에리는 그럼에도 불구하고 누군가에게 인정받고 싶어했다. 대체 왜? 누구에게 인정받고 싶었던 것일까?

인정받고 싶었던 천재와 2인자

　모차르트에게 아버지 레오폴트는 아버지이자 스승이자 가장 든든한 후원자였다. 모차르트는 누구보다 아버지에게 가장 인정받고 싶었을 것이다. 레오폴트 역시 음악가로서 본인의 꿈을 포기할 정도로 어릴 적부터 신동이었던 모차르트에게 많은 것을 기대하였고, 본인의 모든 것을 모차르트에게 걸었다. 그리고 이런 기대가 어린 모차르트에게 더욱 잘해야 한다는 압박과 인정받고 싶은 욕구를 강하게 형성하도록 했을 것이다. 살리에리 역시 그렇다. 이미 궁정 음악가로서 부와 명예를 가지고 있었으나, 그것보다 천재였던 모차르트로부터 인정받아야 더 대단한 음악가로서 인정받는다는 욕구가 있었을 것이다. 영화에서 살리에리가 모차르트와 궁에서 대면하게 되는 장면이 있다. 살리에리는 황제의 피아노 연습곡을 작곡하여 황제가 연주할 수 있도록 한다. 이를 들은 모차르트가 한 번에 악보를 외워 변주하여 연주한다. 본인이 작곡한 곡이 멋진 곡으로 순식간에 변화하는 것을 보며 누구보다도 살리에리는 모차르트를 인정할 수밖에 없었을 것이며, 동시에 그에게 인정받고 싶어졌을 것이다. 인정받는 것은 누구에게나 중요한 일이다. 그리고 더 중요한 것은 '누구에게서 인정받느냐'이다.

'아프니까 청춘'이라서 더 아픈 사람들

　많은 사회적 현상들이 인정중독을 자라게 한다. 사회에서는 '열정페이' '재능기부' 같은 포장된 말로 고통을 참아 내고 인내하면 많은 것을 이룰 수 있을 것이라 독려한다. 물론 경험과 실력을 기를 수 있는 좋은 기회이기도 하지만 때로 열정페이와 재능기부로 얻을 수 있는 것은 '인정'뿐인 경우도 많다. 그리고 이런 사회는 사람들이 인정에 더욱 목을 매도록 만든다. 그렇다면 어떤 현상들이 인정중독을 만들어 낼까?

첫 번째는 유교적 질서가 중시되는 사회이다. 현대 사회와 다르게 과거에는 인 · 의 · 예 · 지 · 신(仁義禮智信) 등의 도덕적 덕목을 중시하는 사상으로서 특히 예(禮)의 덕목을 많이 강조했다. 공동체에서 웃어른, 즉 윗사람의 의견이 중요시된다. 그 윗사람의 능력이나 내적인 성숙도는 중요하지 않다. 그리고 그 윗사람이 주는 인정을 크게 생각한다. 특히 우리나라는 아직까지도 이러한 사회적 문화가 어느정도 이어져오고 있다. 비록 모차르트는 우리나라 사람은 아니지만 이에 해당한다고 볼 수 있다. 주변에서 아무리 나를 인정할지라도 나의 윗사람인 아버지로부터 인정받아야 비로소 진정으로 인정받는다고 느끼는 것이다.

두 번째는 바로 경쟁 사회이다. 2등은 의미가 없다. 1등만이 기억되고 인정받는 사회에서 결국 나는 최고가 되어야 한다. 그리고 내가 최고가 되려면 나의 경쟁자로부터 인정을 받아야 한다. 이는 충분히 행복할 수 있는 사람들을 더욱이 불행하게 만든다. 살리에리가 이에 해당한다. 스스로가 경쟁에서 벗어나지 못하면 결국 상대로부터 인정받기 위해 끊임없이 고통받게 된다.

마지막은 고통이 당연한 사회이다. '고통이 없으면 얻는 것도 없다. (No pain, no gain)'라는 말처럼 고통을 통해서만이 '인정'을 얻을 수 있다는 것이다. 끊임없이 나를 희생해서 고통을 이겨 내다 보면 자연스럽게 주변의 인정을 받을 수 있고 인정만큼 금전적인 보상도 따라온다는 것이다. 문제는 고통 속에서 결국 인정받지 못하게 되었을 경우이다. 바로 빈센트가 여기에 해당한다. 이러한 결과는 결국 사람을 극단적인 상황으로까지 몰고 갈 수 있다.

아픈 청춘인 우리는 어쩌면 이러한 사회에 적응하기 위해 너무나도 자연스럽게 고통을 미화하고 있었던 것은 아닐까. '지금 조금만 더 고생하면 잘될 거야.', '이번에 손해를 보긴 했지만 배웠잖아.', '인정받았으니 괜찮아.' 이런 위안들이 어쩌면 나를 더 인정중독과 극단적인 상황으로 몰아넣고 있는 것은 아닐까. 나는 어느 정도의 인정중독 수준에 있는지 다음 진단을 통해 한번 진단해 보도록 하자.

인정중독 진단

항목	O	X
1. 많은 사람이 나를 좋아해야 한다.		
2. 갈등이 일어나서 좋은 것은 하나도 없다.		
3. 항상 나의 욕구보다 내가 사랑하는 사람들의 욕구가 우선이다.		
4. 갈등이나 대립은 늘 피하고 싶다.		
5. 나는 남에게 거절당하지 않기 위해서 많은 일을 먼저 나서서 한다.		
6. 난 항상 다른 사람들의 인정을 받을 필요가 있다.		
7. 다른 사람에게 부정적인 감정을 표현하기가 몹시 어렵다. 하지만 나 자신이 잘못되었다고 느끼는 것은 훨씬 편하다.		

항목	○	×
8. 남들에게 최선을 다하고, 그들이 나를 필요로 하는 한 나는 외톨이가 되지 않을 것이라고 믿는다.		
9. 언제나 남들을 위해 일하고 그들을 기쁘게 할 생각만 한다.		
10. 가족, 친구, 동료와의 갈등이나 충돌을 피하고자 최대한 신경 쓴다.		
11. 나보다는 다른 사람들의 행복을 위해 무엇이든 하고 싶다.		
12. 나 자신을 보호하기 위해서 상대에게 맞서는 경우는 거의 없다.		
13. 나의 욕구를 다른 사람의 욕구보다 우선하는 것은 이기적인 것이다.		
14. 남들과 갈등하고 충돌하면 너무 불안해지고 몸에 병이 온다.		
15. 아무리 건설적인 비평이라 해도 누군가를 비난하는 것은 몹시 힘들다.		
16. 나의 감정을 희생해서라도 항상 상대방을 기쁘게 해야 한다.		
17. 사랑받을 만한 존재가 되려면 항상 나 자신을 희생해야 한다.		
18. 늘 친절해야 한다. 그러면 인정과 사랑과 우정을 얻을 수 있다.		
19. 상대의 요구가 지나친 줄 알면서도 내게 거는 기대 때문에 거절하지 못한다.		
20. 때때로 내가 다른 사람의 사랑을 구걸하는 것처럼 느낀다.		
21. 상대방을 화나게 할 수 있는 말이나 행동을 하는 것은 몹시 불편하고 불안하다.		
22. 남에게 일을 위임하는 경우가 거의 없다.		
23. 다른 사람들의 부탁이나 요구를 거부할 때 죄책감이 든다.		
24. 주위 사람들에게 나 자신을 희생하지 않으면 내가 나쁜 사람이란 생각이 든다.		
총점('○'라고 답한 문항의 수)		

* 출처: 이인수, 이무석(2017). 누구의 인정도 아닌. 서울: 위즈덤하우스.
- 16~24점 : 인정중독이 심각한 상태로 자신의 문제를 해결하고 삶이 주체가 되기 위해 치유를 위한 노력을 시작해야 한다.
- 10~15점 : 중등도 이상의 심각한 인정중독 상태로 더 악화되지 않도록 변화를 시도해야 한다.
- 5~9점 : 중간 정도의 인정중독 문제를 가지고 있으나 자기주장을 할 수 있는 어느 정도의 힘과 저항력을 가지고 있다.
- 4점 이하 : 아주 경미한 정도의 인정중독 성향을 가졌거나, 인정중독의 문제가 거의 없는 것으로 볼 수 있다.

괜찮은 줄 알았는데, 괜찮지 않아서...

　1년 정도 매달 꾸준히 환자 만족도 관련 교육을 하던 병원이 있었다. 당연히 환자들의 만족도도 높았다. 그리고 높은 병원 만족도의 중심에는 간호조무사 A 선생님이 있었다. A 선생님은 항상 웃는 얼굴로 환자들을 대하며 단 한 번도 화를 내는 모습을 동료들도 본 적이 없다고 했다. 그 누구보다도 환자들과 동료들의 인정을 받았다. 언젠가 '정말 화가 날 때는 어떻게 하냐'고 물었을 때 그녀는 늘 그렇듯 웃으며 그저 "참는다."라고 대답했다. 다시 교육 날짜가 다가오고 병원을 방문하였을 때 분위기가 이전과는 다르게 긴장감이 흘렀다. 늘 가장 먼저 나와 맞이해 주고 반겨 주던 A 선생님이 보이지 않는 것이다.

　교육 전 원장님께서 해 주신 이야기는 너무나도 충격적인 소식이었다. A 선생님이 극단적인 선택으로 생을 마감한 것이다. 그 누구도, 심지어 가족들조차도 그녀가 평소에 티를 내지 않았기 때문에 그런 선택을 할 것이라고 상상조차 하지 못했다고 하였다. 그러나 그녀가 남긴 일기장에는 이런 내용의 글들이 많이 쓰여져 있었다. '나는 좋은 사람이어야 한다.'

　모두가 그녀에게 말했다. "A 선생님은 참 좋은 사람이에요.", "A 선생님이 있어야 우리 병원에 문제가 안 생겨요.", "A 선생님이 있어 참 든든해요." 모두의 인정이 아마도 그녀에게는 압박이었을 것이다. 그녀는 인정받기 위해 더 좋은 사람이 되어야 했다. 그리고 본인이 좋은 사람이라고 느끼지 못하는 순간에는 많은 자괴감이 들었을 것이다. 앞서 이야기한 것처럼 인정은 앞으로 나아가기 위한 좋은 원동력이 될 수 있다. 그러나 A

선생님에게 인정은 자신을 잃게 하는 길이었던 것이다. 인정은 잘하는 것도 중요하지만, 잘 받는 것도 중요하다.

나를
인정하는 방법
03

'I.D.I' 세 가지 키워드를 통해 내가 나를 인정하기 위해
내가 할 수 있는 것과 해야 하는 것들에 대해 알아보자.

I can Do It

 어릴 적 외국에 살다 온 친구 K가 있었다. 얼굴도 예쁘고 집안 형편이 좋았던 K를 또래 친구들이 좋아하지 않게 된 계기는 아주 단순한 사건 때문이었다. 외국학교에서 교환 학생 형식으로 한 달 동안 우리 학교에 다니게 된 외국인 친구 L과 모두가 친해지고 싶어 했다. 그러나 당연하게도 영어를 잘했던 K와 L이 짝꿍이 되었다. 자연스럽게 한 달 가량을 K와 L이 함께 다니게 되었고, 외국인 친구 L이 다시 본인의 나라로 돌아가자 K는 따돌림을 당했다.

 상황을 자세히 들여다보면 K가 어떠한 잘못이나 문제를 일으키지 않았다. K는 같은 또래이지만 우리보다 영어를 잘했다. 그리고 덕분에 모두가 친해지고 싶어 했던 외국인 친구 L과 친하게 지낼 수 있었다. 사실 돌이켜 생각해 보자면 L과 친해질 수 있는 방법은 아주 간단했다. 바로 K와 더욱 친해지는 것이다. K와 함께 있는 시간이 많아지면 자연스럽게 L과도 함께 하는 시간이 늘어나며 친해질 수 있었을 것이고, 모두가 행복해지지 않았을까? 모두가 K의 능력을 인정해 주었다면 K 역시도 친구들이 L과 친하게 지낼 수 있도록 분명 도와주었을 것이다. 그저 어린 마음에 모두가 K를 인정하지 못하고 질투만 했던 것이다.

우리는 인정받고 싶어 하는 마음과는 다르게 타인을 잘 인정하지 못한다. 특히 내가 가지지 못한 것에 대한 인정은 더욱더 그렇다. 대다수의 사람은 인정에 있어 두 가지 형태를 취하는 경우가 많다.

첫 번째는 인정해야 하는 대상을 '우상화'하는 것이다. 유명 연예인이나 인플루언서(Influencer)들의 삶을 보며 부럽고 대단하다고 생각하지만 나와는 전혀 다른 세상의 사람이라고 여기는 것이다. 내가 노력해도 이룰 수 없으니 내가 처음부터 이룰 수 없고 닿을 수 없는 사람이라고 생각하며 스스로를 위안 삼는다.

두 번째는 인정해야 하는 대상을 '안티(Anti)'하는 것이다. 안티는 어떤 대상에 대해 반대하는 입장을 지니는 것을 말하는데, 인정해야 하는 사람이 대다수 나와 비슷한 상황에 있는 사람일 경우 많이 나타난다. 앞서 언급한 사례처럼 같은 또래의 같은 학교에 다니는 K의 경우가 그렇다. 비슷한 상황의 타인을 인정하는 경우, 우리는 그것이 나의 부족함을 인정하는 것이라고 착각하는 것이다. 즉, 내가 타인을 인정하는 것을 내가 인정받지 못하는 것과 동일시하는 것인데 이것은 개인의 자기 효능감(Self-efficacy)과 연결이 된다. 어떠한 과제를 끝마치고 목표에 도달할 수 있는 자신의 능력에 대한 자신의 평가를 자기 효능감이라고 한다. 비슷한 말로 '자존감'이다. 자기 효능감이 낮은 사람은 결국 타인으로부터 인정받는 것을 자신의 평가보다 더 중요시하면서 타인을 인정하지 못한다. 인정을 잘하는 것과 잘 받는 것은 연결되어 있다.

결국 인정에 있어서 자기 효능감을 높이는 것은 매우 중요한 문제이다. 타인으로부터 인정받는 것이 아니라 내가 나로부터 인정받는 것 말이다. 그렇다면 내가 나를 인정하기 위해 내가 할 수 있는 것과 해야 하는 것은 무엇일까? I can Do It에서 'I.D.I'라는 세 가지 키워드를 가지고 함께 알아보자.

1) I - '나'를 위한 목표 설정

"앞으로 자네만 믿겠네.",
"네가 아니었으면 큰일 날 뻔했어."
"네가 있어서 든든해."

우리가 자주 듣는 인정의 말이다. 우리는 어떠한 일에 있어서 이러한 인정의 말을 듣고 힘을 내기도 하지만, 자신의 발목을 잡기도 한다. 이런 인정을 받다 보면 결국 내가 하고 싶은 것에 대한 목표가 아니라 주변의 기대에 대한 목표를 갖게 되기 때문이다. 그리고 대다수 그러한 목표는 '타인과의 비교'에서 이루어지는 것들이 많다. 학교에서는 이 친구보다 더 좋은 성적으로, 직장에서는 이 동료보다 더 높은 고과나 성과로, 관계에서는 이 사람보다 더 좋고 긴밀한 관계로 말이다. 하지만 자세히 들여다보면 이미 나는 많은 부분에서 내가 할 수 있는 충분한 역할을 하고 있는 경우가 많다는 것을 알 수 있다.

나는 어릴 때부터 무엇이든 열심히 하는 학생이었다. 어떠한 과제나 목표가 주어지면 충분히 목표를 달성했음에도 불구하고 '더 잘할 수 있다'는 부모님이나 선생님의 인정의 한마디에 불필요한 경쟁 구도에 빠져들었다. 결국 몇 등까지만 들어가겠다는 목표가 누구보다 더 높은 점수와 등수를 받아야 한다는 목표로 변질되었고 더 인정받기 위해 과한 경쟁에 매달렸다. 대학생 때도 마찬가지였다. '장학금만 받으면 된다'는 목표에서 교수님들께 인정받기 위해 매일 밤을 새우고 또 새우며 공부를 하고, 과제를 했다. 심지어 기숙사에서 1~2시간의 쪽잠을 자고, 씻고만 나온 날이 아닌 날보다 더 많았다. 당연히 늘 결과는 좋았다. 그런데 어느 날부터 내 마음의 불안감이 더 커지기 시작했다. 친구들이 과제를 어느 정도 했는지 알지 못하면 불안했다. 이미 충분히 잘하고 있음에도 친구들과의 비교에서 더 하지 않으면 잠을 자기가 어려웠다. 마치 '살리에리'처럼 말이다.

결국 몸이 견디지를 못하고 지쳐 떨어진 다음에야 모든 것이 부질없음을 깨달았다. 그 후부터는 방법을 바꾸었다. 철저하게 혼자와의 싸움을 시작했다. 동기들과 비교할 수 없도록 기숙사에서 혼자 과제와 공부를 시작했다. 내가 할 수 있는 만큼까지만 꾸준히 하고, 몸이 힘들어지면 '이것이 내 한계구나'라고 인정하며 그만두었다. 그 학기는 마음을 비웠기에 그렇게 할 수 있던 것이었다. 그런데 놀라운 일이 벌어졌다. 학교를 다니면서 그동안 내가 받은 학점 중 가장 높은 학점이 나왔다.

우리는 이미 내가 어디에 있는지, 무엇을 해야 하는지 아주 잘 알고 있다. 인정받기 위해 타인의 목표가 내 목표가 되어서는 안 된다. 결국 그렇게 나아가다 보면 길을 쉽게 잃기 때문이다. 현재 어떠한 목표를 가지고 있다면, 다시 한번 꼼꼼하게 점검해 볼 필요가 있다. 진정으로 나를 위한 목표인지, 아니면 타인의 인정에 의한 목표인지 말이다.

2) Discard - 기대 버리기

대중음악에서 한 개의 곡만 큰 흥행을 거둔 가수를 원 히트 원더(One-Hit Wonder)라고 한다. 예전 원 히트 원더 가수들의 노래를 듣고 맞히는 유명했던 예능 프로그램에서 가수들이 공통적으로 했던 이야기가 있다. '첫 곡이 너무 잘되니, 다음 앨범에 대한 부담감이 너무 컸다'는 것이다. 물론 다른 외부 요인의 영향도 있었겠지만, 대다수의 공통적인 의견은 그랬다. 가수 싸이는 자신의 가장 힘들었던 때가 '강남스타일'의 성공 후였다고 밝혔다. 이전 데뷔 과정도 쉽지 않았고, 군대 복무 문제도 있었지만 정작 가장 큰 성공을 거두었을 때가 가장 힘들었다는 것이다. "웃자고 시작한 일이 너무 거창해졌다. 어느 정도 정점을 찍고 사람들이 다음 걸 궁금해하고 기대를 막 하시는데 약간 무섭더라."라고 털어놓으며, 그 이후로 다음 곡이 강남스타일보다 더 잘돼야 한다는 압박감과 기대감에 제일 힘들었다고 했다. 지나고 나서 보니 싸이에게 제일 기대를 많이 한 것은 싸이, 본인 자신이었다는 것이다.

연예인, 운동선수뿐만 아니라 우리 모두가 그렇다. 타인으로부터 인정을 받고, 더 큰 인정을 받고자 하는 욕구가 결국 인정을 기대하게 된다. 그리고 우리는 그 기대를 충족시키려다 무리하게 되는 경우를 경험을 통해 혹은 주변의 수많은 사례를 통해 보게 된다. 가령 성적이 우수한 학생이 부모님의 기대를 위해 스스로 문제를 풀 수 있음에도 불구하고 커닝을 하게 되는 경우나 주변의 좋은 평판을 받은 사람이 그 기대를 저버리지 않기 위해 무리해서 본인의 속마음을 숨기고 철저하게 좋은 사람으로 연기를 하다 우울증에 걸리는 경우처럼 말이다.

그렇다고 단순하게 기대를 버리기는 쉽지 않다. 이제까지 내가 노력해서 쌓아 온 결과와 연결이 되기 때문이다. 그러므로 기대를 완전히 버리기는 어렵겠지만, 내가 가진 기대의 수준은 조절할 수 있다. '지금보다 더 잘해야 한다'가 내가 가진 기대였다면, '지금 만큼만 하면 된다'로 바꾸어 줄 수 있다. '지금까지 잘 해 왔다'라는 것이 내가 가진 기대였다면, '한 번은 쉬어가도 된다'로 바꾸어 줄 수 있다. 싸이의 말처럼 사실 나에게 가장 기대하는 것은 주변보다도 바로 나 자신인 경우가 많다. 그리고 한 번, 두 번 그 기대를 만족시키지 못했다고 해서 주변에서 나를 인정하지 않는 것이 아니라는 사실을 경험하고 나면 마음이 다소 편해질 수 있다.

3) Invite - 새로운 관계 형성

인정은 결국 관계로부터 온다. 앞서 계속 언급했던 것처럼 타인의 한마디가 힘이 되기도 하고 절망이 되기도 하는 것처럼 관계의 형성도가 인정의 크기에 비례하는 경우가 많다. 특히 나의 가치판단을 타인에게 의지할 때는 더욱 문제가 생기게 된다. 타인에게 더욱 인정받기 위해 나의 희생을 감수하며, 자기희생적 관계를 만들어 간다. 문제는 이미 이렇게 형성된 관계는 바꾸기가 쉽지 않다는 것이다. 회사에서 '대리' 직급으로 만난 동료와는 5년, 10년이 넘어서도 그 관계에 머물러 있게 되는 경우가 많다. 회사를 벗어나고 시간이 지나 다른 직급으로 승진했을지라도 그 직급으로 불리며, 그때의 기억으로 관계가 이어진다. 이처럼 처음에 관계가 이미 설정되고 나면, 그 관계를 다르게 설정하기란 쉽지 않다.

한때 타인의 심리나 상황을 교묘하게 조작해 그 사람이 자신을 의심하게 만듦으로써 타인에 대한 지배력을 강화하는 행위인 가스라이팅(Gaslighting)에 대한 내용이 화제가 되었다. 가스라이팅은 내가 희생해야지만 나를 인정해 주고 사랑해 주는 관계에서 주로 발생한다. 주로 친밀한 관계에서 이루어지기 때문에 상대가 나를 아주 잘 알고 있고 내가 부족하기 때문에 인정받기 위해서는 내가 더 노력해야 한다고 착각하기가 쉽다. 나에게 이런 관계가 있다면 그 관계는 빠르게 중단해야 한다.

정신과 의사인 이인수, 이무석 박사는 저서 「누구의 인정도 아닌」에서 안전하고 건강한 관계에 대해 이렇게 정의하고 있다. "안전하고 건강한 관계란 나의 장단점을 모두 인정하고, 나를 조종하지 않으며, 나의 경계를 존중해 주는 사람들과의 관계를 이야기한다." 지금의 관계에서 건강한 관계를 만들 수 없다면 지금의 나를 온전하게 인정해 줄 수 있는 새로운 관계를 형성하는 것이 필요하다. 이미 나는 충분히 인정을 받을 만한 능력이 있는 사람이고, 그것을 잘 봐 줄 수 있는 사람은 어디에나 있기 때문이다.

인정이 변하면,
나도 변한다
04

나의 목표가 '나로부터의 인정'이 되었을 때
우리는 진정 타인으로부터 인정받을 수 있게 될 것이다.

꽃을 주려면, 내가 먼저 꽃을 가지고 있어야 한다

　몇 년 전 베트남에 일주일 정도 머무른 적이 있다. 당시 너무 많은 업무를 하면서 번아웃(Burnout)이 온 것이다. 그래서 많은 것들을 내려놓으며 떠났던 여행이기도 했다. 3가지 일을 동시에 진행하면서 1년가량 쉬는 날이 전혀 없었고, 그 3가지 일에서 다 인정받기를 바라다 보니 무리가 오기 시작했다. 무엇보다 한쪽 귀에 난청이 생기며, 더불어 업무에도 문제가 생겼다. 그렇게 떠난 여행에서 우연한 기회로 매일 아침 네팔인 선생님의 명상 수업을 듣게 되었는데, 수업 중 선생님이 내게 해 주셨던 한 이야기가 지금도 힘들 때마다 종종 떠오르며 마음을 다잡게 만들어 준다.

　"누군가에게 꽃을 주고 싶나요? 그렇다면 내가 먼저 꽃을 가지고 있어야 합니다. 가지고 있지 않은 것을 줄 수는 없으니까요. 어려운 사람에게 기부하고 싶나요? 역시 내가 충분한 돈을 가지고 있어야 합니다. 내가 굶거나 어디서 훔쳐서 기부할 수는 없으니까요. 누군가를 사랑하고 싶나요? 그렇다면, 나를 먼저 사랑해 주세요."

인정 역시도 그렇다. 나를 먼저 인정해야 누군가를 내가 인정해 줄 수도, 내가 인정받을 수도 있다.

인정과 나의 안녕

안녕(安寧)이라는 인사말은 '아무 탈 없이 편안함'을 의미한다. 정말 우리는 안녕할까? 친구들과 오랜만에 전화 통화를 하다 보면 서로 이런 대화가 오갈 때가 있다. "안녕해?", "아니, 안녕하지 못해." 오늘도 안녕하지 못한 힘들고 고된 하루를 보내고 있다면, 앞서 이야기했던 내용들을 다시 한번 생각해 보아야 한다. 안녕할 수 있는 상황을 내가 안녕하지 못하게 만들고 있는 것은 아닌지 말이다. 많은 지인들이 내게 말한다. "욕심이 참 많을 것 같은데 알고 보면 욕심이 없다."라고 말이다. 나는 원래 욕심이 많은 사람이었다. 그리고 그 욕심은 결국 타인으로부터 인정받기 위한 것이 대부분이었다. 그런데 인정받기 위해 열심히 하면 할수록 인정받기가 더욱 어려워졌고, 나는 더욱 안녕하지 못했다. 인정받지 못해 괴로웠고, 스스로를 계속 괴롭혔다. 늘 그 결과는 악순환으로 돌아왔다. 베트남에 다녀온 뒤로 나는 많은 것이 달라졌다. 타인에게 인정받기 위해 애쓰지 않게 되었다. 덕분에 타인을 위한 시간보다는 나를 위한 시간을 보낼 수 있게 되었다. 예전에는 아무리 바쁘고 피곤하더라도 상대를 실망시키지 않기 위해 만날 약속을 잡고 사람들을 만나고 나서 새벽까지 일을 했다. 심지어는 하루에 약속을 세 번이나 잡고, 시간 단위로 쪼개 가며 사람을 만나기도 했다. 그러나 지금은 나의 상황을 상대에게 잘 전달하고 내가 이 사람을 위해 온전히 여유 있는 마음으로 여유 있는 시간을 쓸 수 있을 때로 다시 약속을 잡는다. 그러다 보니 쉽게 먼저 판단하지 않게 되었다. '내가 만남을 거절해서 이 사람이 실망하면 어떡하지?', '진짜 바쁜 건데, 나를 오해하면 어떡하지?'라는 생각 대신에 내 상황을 충분히 양해해 주고 이해해 준 상대에게 더욱 고마움을 가질 수 있게 되었다. 그 마음이 상대에게 잘 전달이 되어 많은 관계가 견고해졌다. 그리고 '나는 잘하고 있다'라는 스스로에 대한 인정이 나를 더욱 단단하게 만들었다. 그래서 나는 지금 매우 안녕하다.

나로부터의 인정

열심히 노력하다가 갑자기 나태해지고, 잘 참다가 조급해지고, 희망에 부풀었다가 절망에 빠지는 일을 또 다시 반복하고 있다. 그래도 계속해서 노력하면 수채화를 더 잘 이해할 수 있겠지. 그게 쉬운 일이었다면 그 속에서 아무런 즐거움을 얻을 수 없었을 것이다. 그러니 계속해서 그림을 그려야겠다.
- 빈센트 반 고흐가 1882년 1월 동생 테오에게 보낸 편지 중

빈센트가 본격적으로 화가로서 그림 그리기 시작했을 무렵 테오에게 보낸 편지 내용이다. 이때 반 고흐는 광부와 감자밭에서 일하는 사람들의

인물 데생을 열두 점 정도 그렸으며, 이것으로 무엇인가를 할 수 있을지를 진지하고도 기쁘게 고민했다. 스스로가 '할 수 있다'라는 인정을 하고 있었기 때문이다. 이 당시 빈센트의 편지들을 살펴보면 '후회할 시간 따윈 없다'든가 '내 안에 있는 힘을 느낀다'와 같은 자신을 인정하는 말을 꽤 많이 하고 있는 것을 볼 수 있다. 그리고 어쩌면 빈센트의 삶 속에서 이때가 가장 힘들었지만 그런데도 가장 행복했던 시기가 아니었을까.

살아가면서 타인으로부터 인정받는 것은 매우 중요하다. 앞서 이야기했듯이 인정은 가장 강력한 동기부여가 될 수 있기 때문이다. 많은 보상이 주어지지 않더라도 나의 노력이 인정을 받는다면 우리는 그것에 큰 위로 역시 받는다. 그러나 '타인으로부터의 인정'이 인생의 목표가 되지 않기를 바란다. 내가 진짜로 해야 할 것들이 타인에 의해 계속 흔들리고 무너지는 것을 경험할 수 있기 때문이다. '인정'의 시작은 내가 나를 먼저 '인정'하는 것이다.

나의 목표가 '나로부터의 인정'이 되었을 때 우리는 진정 타인으로부터 인정받을 수 있게 될 것이라 굳게 믿는다.

"난 내 예술로 사람들을 어루만지고 싶다. 그들이 이렇게 말하길 바란다. 그는 마음이 깊은 사람이구나, 마음이 따뜻한 사람이구나."라고 말했던 빈센트가 사후에 사람들에게 인정받을 수 있었던 것은 어쩌면, 타인으로부터 인정받기 전 먼저 예술로 스스로와 타인을 인정하고 위로해 주었기 때문은 아니었을까?

석희원 | 루트마음건강센터

삶의 가치:
《I feel pretty》

3챕터

세상에 단 한 사람을 인정하고 알아줘야 한다면 그것은 바로 '나' 자신이다. 그러기 위해선 나 자신을 있는 그대로 사랑하는 자존감을 느끼는 것이 가장 중요하다. 자존감을 바탕으로 나를 가치 있게 생각하며 자기 효능감까지 알게 된다면, 언제 어디서나 자신에게 당당한 자신감 있는 사람이 된다. 이제 멋진 나를 있는 그대로 사랑하기 위한 아주 쉬운 방법을 알아보고 실천하는 방법을 알아보자.

나의 가치는
내가 정한다
01

사회가 정해 놓은 뜻 없는 기준에
나의 가치를 정하는 것이 과연 맞는가?

나를 마주하는 올바른 자세

영화 〈I feel pretty〉의 주인공 '르네'는 겉으로 보이는 모습이 흔히 말하는 '루저'이다. 예뻐지기만 하면 뭐든 다 할 수 있을 것만 같다. 그래서 하늘에 온 마음을 담아 간절히 소원을 빌어 보지만, 당연히 달라지는 건 1%도 없다. 다이어트가 최고의 성형이라고들 하니 르네는 오늘도 헬스클럽에서 스피닝에 열중한다. 운동에 집중하고 또 집중하며 '난 할 수 있다'를 되뇐다, 예뻐질 수 있다고 주문을 외운다.

그러던 어느 날, 열심히 운동하던 중 자전거에서 떨어져 머리를 바닥에 부딪히게 된다. 그 충격으로 그녀는 변하지 않은 자신의 외모가 자신이 늘 꿈꾸어 왔던 모습으로 변했다고 착각을 하게 된다. 그러자 그녀의 행동도 변하기 시작한다. 그 변화는 드라마틱하게 변한 외모도, 남자 친구도 아닌 바로 자기 생각으로부터였다. 그렇게 착각으로 시작된 인지적 오류로 '르네'는 '루저'에서 '위너'로 변한다.

자신을 사랑하지 않았던 과거의 르네는 '루저'였지만 자신을 사랑하게 된 지금의 르네는 이제 '위너'이다. 소심하고 우유부단하며 늘 자신감 없는 모습에서 누구보다 당당하고 자신감 넘치는 사람으로 변한 것이다. 이제 르네는 회사에서도 당당함과 뛰어난 아이디어로 입지를 굳혔고, 멋진 남자 친구도 생겼다. 그러다 다시 머리를 부딪치는 일이 생겼고 르네의 인지적 오류는 사라지게 된다. 이와 함께 자신감과 자존감 마저 바닥이 되어 버린다. 실제로는 변하지 않았지만 변했다고 생각했던 외모에서 원래의 자신으로 돌아왔다고 생각하자 르네는 직장도, 남자 친구도 멀리하게 된다.

그렇게 며칠이 지난 후 르네는 아주 중요한 사실을 알게 된다. 변하지 않은 외모로도 자신은 사랑받고 인정을 받았다는 것이다. 그 사실을 깨달은 순간 르네의 세상은 완전히 변한다. 정확히 표현하자면 르네가 자신을 마주하는 자세가 달라진 것이다. 드디어 자신을 사랑하는 법을 알게 되었고, 그것이 그녀의 세상을 변하게 했다. 있는 그대로 자신을 보고 느끼고 알아주는 스스로와의 진짜 소통이 시작되자, 그녀는 진정으로 변화하게 된다.

그녀 자체로의 모습으로도 충분히 사랑하고 사랑받는 존재로 받아들인다. 그로 인하여 자신에 대한 자존감을 느끼게 되며, 당당하고 자신감이 넘치는 사람이 된다. 용기 없이 주저하던 르네가 자신을 마주한 순간 가장 아름다운 모습이 되는 장면은 정말 인상 깊었다. 이렇게 영화 'I feel Pretty'는 자신이 충분히 사랑받을 만한 존재라고 느끼는 마음인 자아 가치감의 기준이 외모가 아니라고 말한다. 그저 사랑받기 충분한 존재라는 생각의 변화만으로도 자아 가치감은 느낄 수 있다. 그리고 그 자아 가치감을 바탕으로 자존감이 높아지는 과정을 통하여 자아 가치감이 얼마나 한 사람을 변화하게 만드는지 보여 주는 영화다.

나를 마주하면 만나는 것, 자아 가치감

고등학생을 대상으로 인문학 강의를 요청받은 적이 있다. 주제는 자존감 향상이었고, 평소 관심이 많던 주제라 기대가 되었다. 강의를 준비하며 자존감의 사전적 의미부터 찾아보았다. 자존감은 '자신이 사랑받을 만한 가치가 있는 소중한 존재이고, 어떤 성과를 이루어 낼 만한 유능한 사람이라고 믿는 마음'이다. 자존감을 느끼기 위한 두 가지 필수 요소가 있는데, 그것은 자아 가치감과 자기 효능감이다. 자아 가치감은 자신 그대로 사랑받을 만한 사람임을 느끼는 것이고, 자기 효능감은 자신을 능력 있는 사람이라고 느끼는 것이다. 이처럼 자아 가치감과 자기 효능감을 스스로 인지하고 인정하게 되면 자존감이 향상되는 것이다. 나는 자존감을 향상하는 방법에는 자아 가치감의 역할이 가장 중요하다고 본다. 자신을 인정하고 사랑하는 마음이 먼저 자리 잡아야 자신의 능력을 알아보는 마음도 생길 것으로 생각하기 때문이다. 이 자아 가치감이 있는 사람은 자신의 정체성을 제대로 확립하게 하는 내적 자원이 크다는 의미이다. 그렇게 확립된 정체성은 자기 효능감을 만들고 결과적으로 자신감까지 만들어 준다.

영화 〈I feel Pretty〉의 르네는 어느 날 갑자기 자신과 마주하게 되었고, 자신이 중요하게 생각하는 자아 가치감을 느끼게 되고, 있는 그대로 자신을 인정했다. 그렇게 바뀐 르네의 내적 변화는 회사에서 자기 효능감으로 표현되었고 자신감 넘치는 모습으로 사람들을 대하기 시작했다. 그 과정에서 르네에게 외적인 변화는 없었다. 오직 자신을 있는 그대로 인정하고 자신의 내면 이야기를 듣기 시작한 순간부터 일어난 내적 변화가 전부였다. 심리적 변화는 르네의 삶을 전혀 다른 모습으로 바꾸었다.

자아 존중감은 객관적이고 가치 중립적인 판단이라기보다 주관적인 느낌이며 이 느낌을 객관화하는 것이 자아 존중감을 느끼게 하는 첫 단추라고 볼 수 있다. 가끔 자존감이라는 개념은 자존심과 혼동되어 쓰이는 경우가 있다. 자존감과 자존심은 자신에 대한 긍정이라는 공통점이 있지만, 자존감은 '있는 그대로의 모습에 대한 긍정'을 뜻하고 자존심은 '경쟁 속에서의 긍정'을 뜻하는 등의 차이가 있다.

우리가 자아를 찾는 것은 매우 힘든 여정이지만, 자아와 마주하게 된다면 자기 존재 자체가 얼마나 경이로우며 아름다운지 알게 된다. 그리고 자연스레 자신이 사랑받을 만한 존재임을 인정하게 된다. 그 후, 마음의 소리를 듣게 된다면 진짜 자신이 원하는 삶이 무엇인지 알 수 있게 된다. 삶의 진정한 목표와 의미를 찾는 것이다. 그리고 그 목표를 이루며 자신의 효능감을 느끼는 순간 자신을 믿는 믿음인 자신감은 폭발력을 가진다. 사람들은 자신감 있는 모습에 매력을 느낀다. 자신을 사랑하며 자기의 일에 가치를 느끼고, 자신의 삶을 사랑하며 즐기는 자존감 높은 사람은 실패가 두렵지 않다. 언제든 다시 일어날 수 있으니까!

내.단.외.당: 내면이 단단하면 외면이 당당하다

내면이 단단하고 아울러 외면도 당당한 사람이 되기 위한 필수 요소가 있다. 바로 신념이다. 자신의 마음을 지키는 마음인 신념이 있다면 쉽게 흔들리지 않는 모습으로 살아간다. 한결같은 믿음으로 마음을 지키고 그 마음은 행동을 만든다. 당당한 행동 또한 단단한 마음을 만들 수 있다. 자존감으로 자기 효능감을 느끼게 도와주고 자기 효능감은 자신감을 만든다. 자신감 있는 행동 또한 자기 효능감을 상승시킨다. 아울러 자신의 존재가치를 긍정적으로 변화시킨다. 내면과 외면은 순환적 관계다.

나는 2005년부터 강의를 해 오며 많은 학생을 만나 왔다. 공부를 잘하는 학생, 한결같이 노력하는 학생, 공부가 싫지만 그래도 꾸역꾸역 해내는 학생 등 다양한 유형이 있었다. 잘하는 학생이나 노력하는 학생은 언제나 자신을 돌아보며 미래를 꿈꾸지만 그렇지 못한 학생도 있었다. 그중 가장 안타까운 아이들은 스스로 자신의 값어치를 성적으로 매기는 아이들이다. 성적은 성적일 뿐 절대 사람의 값이 아니다. 누구도 서로의 가치를 매길 수 있는 권한은 없다.

그중 10년이 지났음에도 불구하고 늘 생각나는 내면이 단단한 아이가 있다. 중학교 3학년이었던 아이는 과학을 정말 좋아하는 아이였다. 그래서 과학 고등학교에 진학하기를 희망했지만, 노력보다 성적이 잘 나오지 않았다. 하지만 아이는 포기하지 않았다. 학교를 마치면 바로 학원으로 달려와 강사연구실 한쪽에 앉아서 전날 배운 것 중 잘 이해가 되지 않는 부분을 하나하나 질문하며 해결하는 것이었다. 당시 화학을 가르치던 나는 아이의 그 단단한 마음과 할 수 있다고 생각하는 자신감이 예뻐서 그 아이가 이해할 수 있을 때까지 설명해 주곤 하였다.

결국, 그 아이는 과학 고등학교에 입학했고, 3학년에 월반하여 카이스트에 진학했다. 다른 누구의 바람도 아닌 자신이 그토록 바라던 결과였기에 더욱 기뻤다. 그 아이의 성과는 단단한 마음이 버텨 준 결과라고 생각한다. 그리고 그 단단함은 자신의 행동에 당당함으로 드러나 포기하지 않는 모습으로 비쳤다. 아이는 일반적 잣대인 당장 눈앞에 보이는 성적으로 자신의 값어치를 매기지 않았고, 자신의 임계점을 뛰어넘어 본인이 가고자 하는 길을 가게 되었다. 이처럼 자신의 가치는 누구도 아닌 자신이 만드는 것이다.

마음의 결을
따라 살다
02

글에도 결이 있듯, 마음에도 결이 있다.
나의 마음결대로 산다면...

빌리 엘리어트 안의 인사이트: 자아 가치감

　남자아이들은 복싱, 여자아이들은 발레라는 누가 정한지도 모르는 공식을 벗어나 자신의 마음결을 따른 아이가 있다. 바로 영화〈빌리 엘리어트〉의 주인공 빌리이다. 우연히 보게 된 발레에 반해버린 빌리는 아버지 몰래 복싱 수업료로 발레를 배우기 시작한다. 심지어 재능 있는 빌리를 선생님도 알아보고 적극적으로 지원한다. 하지만 고지식한 아버지는 극심한 반대를 하고, 사회적 분위기도 소년들이 발레를 하는 것에 인색하긴 마찬가지다. 기쁠 때도, 슬플 때도 그 감정을 춤으로 표현하는 빌리에게 발레는 삶 그 자체였다. 어느 날, 많은 어려움 속에서도 꾸준히 노력하며 행복하게 춤을 추는 빌리의 모습을 본 아버지의 마음도 움직였고, 빌리 어머니의 유품을 팔아 발레 학교에 진학할 수 있도록 지원한다. 그렇게 빌리는 멋진 발레리노로 성장한다.

영화 빌리 엘리어트가 주는 메시지는 간단하고 아주 명료하다. 마음이 즐거운 일, 힘들어도 포기하고 싶지 않은 일, 바로 '가슴이 뛰는 일을 하라'이다. 사회적 분위기, 아버지의 반대도 빌리의 마음을 멈추기엔 발레는 너무도 빌리의 가슴을 뛰게 하였다. 자신이 원하는 마음의 결을 따라가는 빌리를 막을 수 있는 것은 세상에 아무것도 없다.

마음결을 따라 가슴이 뛰는 일을 만나면 인간의 잠재능력은 무한히 발휘된다. 인간중심 심리치료를 연구한 심리학자 칼 로저스는 이러한 현상을 '자아실현 경향성'이라 정의하였다. 자아실현 경향성은 인간을 발전시키는 원동력이 되고, 발전을 위해 인간은 성장한다. 이 성장 욕구와 자아실현 경향성이 만나 끊임없이 노력한다면 어느 순간 스스로 만족하는 사람이 될 수 있는 것이다.

빌리의 자아실현 경향성이 발레인 '춤'을 통해 눈뜨게 되고 마음결을 따라 행동하였다. 자신의 재능을 알아봐 주신 선생님을 제외하고 모두가 자신을 반대하는 상황에서도 빌리는 포기하지 않았다. 부정적인 상황에서도 긍정적으로 노력하고 자신을 믿고 표현하는 빌리에게서 '하늘은 스스로 돕는 자를 돕는다.'라는 말이 생각났다. 기회도 준비된 사람이 잡는 것이라고 하지 않는가. 내가 나를 잘 알고, 나의 가치를 인정해야 다른 사람도 나를 인정하고 기회도 있다고 생각한다. 영화 빌리 엘리어트에서는 스스로 믿고 사랑하며 자신의 자아실현 경향성을 따라가는 빌리의 자아

가치감이 아버지를 설득하도록 했다. 결국, 빌리의 자아 가치감이 다른 사람에게도 전달되고 자신의 가치를 인정하도록 한 것으로 생각한다. 하늘은 스스로 돕는 빌리를 도운 것이다.

하고재비: 자기 효능감

나의 할아버지께서 자주 하시던 말씀이 있다. 온 세상이 궁금했던 나에게 "궁금한 것이 많아서 먹고 싶은 것도 많겠다!"였다. 그때는 언어유희를 몰라 할아버지께서 진짜로 많이 먹는다고 놀리시는 이야기라고 생각했다. 하지만 이제는 어떤 말씀이셨는지 너무도 잘 알 것 같다. 무엇이든 궁금해서 물어보는 손녀에게 애정 어린 말씀을 해 주신 것이다. 이처럼 어린 시절 무엇이든 호기심 넘치며 궁금해하던 나는 어른이 되어서도 여전하다.

운동도 좋아해 취미로 시작한 웨이트 트레이닝이 계기가 되어 피트니스 대회도 참가해 봤다. 입상보다는 대회 참가가 목표라 더욱 즐겁고 유쾌히 즐겼다. 처음 대회에 나간다는 이야기를 듣고 주변의 반응은 "꼭 그것까지 해야 해?"였다. 하지만 나는 나를 누구보다 잘 알기 때문에 꼭 해 봐야 했다. 그 호기심은 나를 움직이는 원동력인 것이다. 궁금한 것은 못 참는 성격 덕분에 의미 있는 많은 경험을 하였다. 경험의 과정에서 나의 장점과 강점은 더 단단해졌다.

내 장점이자 강점은 하고자 하는 일에 대해 최선을 다하는 마음과 참고 기다리는 인내력, 포기하지 않는 끈기와 시간이 오래 걸려도 지치지 않는 지구력이다. 하지만 그것이 해 보지 못한 것에 대한 집착으로 작용한다는 사실도 잘 알고 있다. 그래서 나는 꼭 해 보고 싶은 것은 결과에 연연하지 않고 과정을 즐기면서 해 보기로 했다. 결과가 중요하지 않게 된 이유는 결과보다 과정에서 자기 효능감을 느끼는 사람이기 때문이다.

Eat Pray Love: 나와 소통하는 방법

열심히 살아온 자신의 삶이 진정으로 자신이 원하는 삶인가 생각하게 만드는 영화 〈먹고, 기도하고, 사랑하라〉가 있다. 주인공 리즈는 어느 날 갑자기 자신의 삶에 의문을 갖게 된다. 남부럽지 않은 겉모습이지만 진정으로 자신이 원하는 삶이 맞는지 생각하게 된다. 폭풍우 치던 밤 기도가 처음이라며 두서없이 신에게 해답을 구한다. 하지만 돌아오는 대답은 자신의 안에서 듣게 된다. 결혼 생활에 더는 의미가 없다고 생각된 그녀는 남편에게 헤어지자 말하고, 새로운 사랑을 찾지만, 그 사랑도 얼마 가지 못하며 그녀는 다시 한번 삶의 의미를 찾길 원한다. 그렇게 시작된 리즈의 여행은 이탈리아에서 먹고, 인도에서 기도하고, 발리에서 사랑하는 것으로 마무리된다.

첫 여행지를 이탈리아로 정한 그녀를 보고 친구는 왜 하필 이탈리아냐고 물어본다. 그녀는 지난 시절 자신은 먹는 것을 참 좋아했다고 말하며 지금은 그 욕구조차 없다고 말한다. 식욕은 인간의 욕구 중 가장 바탕이 되는 욕구로 자신을 찾는 시작의 의미다. 이탈리아에서 그녀는 자신이 좋아하는 음식을 먹으며 행복감을 느낀다. 그리고 인도로 가서 기도를 한다.

기도는 신과의 대화기도 하지만 나의 내면과의 대화이기도 하다. 기도하다 보면 신에게 답을 구하는 것과 같이 보이지만 사실 그 과정에서 생각이 정리되고 해답을 찾기도 한다. 결과적으로 자신의 내면의 소리에 귀를 기울이는 것과 같다. 영화에서 자신 안의 신과 만나는 방법을 기도라고 한 것이다. 마지막으로 발리에서 사랑의 감정을 느끼며 삶의 가장 중요한 부분인 함께 어울리는 행복을 알게 된다.

영화 〈먹고 기도하고 사랑하라〉는 미국 작가 엘리자베스 길버트의 에세이가 원작이다. 누구나 살면서 자신의 삶에 의문을 가지게 되는 순간이 있다. 지금의 이 삶이 내가 진정으로 원하고 꿈꾸던 삶인가에 대해 생각하는 것은 사람이기에 할 수 있는 것이다. 자신을 돌아보고 사랑하고 행복을 꿈꾸기에 생각하는 것이다. 사람마다 행복의 조건이 다르지만 궁극적으로 자신이 진정 원하는 것을 하며 사는 삶이 가장 행복할 것이다. 리즈는 결혼 생활도 실패하고 사랑도 실패한 상황이다. 하지만 실패를 겪으면서 진정으로 사랑해야 하는 사람인 자신을 사랑하게 된다. 회의감으로 시작된 자신을 돌아보는 과정이 결과적으로 자신을 찾고 사랑하는 과정이 되었다.

삶을 사는 방식은 모두 다 제각각이지만 스스로 자신을 지키며 누구보다 나를 잘 안다면 즐겁게 사는 법 또한 멀지 않다. 생각보다 나 자신은 복잡하지 않다. 아는 것보다 단순한 것을 원한다. 당신이 당신 마음의 작은 울림을 들어 주는 순간 그 마음은 배신하지 않는다. 세상에 온전히 알아야 할 사람이 있다면 그것은 바로 '나' 자신이다. 나는 이미 나로 존재하며 그 안에 어떤 강점 원소가 있는지 찾아보는 것이 필요할 뿐이다. 마치 수학의 집합이라면 그 안에 존재하는 여러 원소의 규칙을 찾아 하나의 정점으로 모으는 과정이 필요하다.

차분하게 나에게 집중하는 시간이 하루 또는 일주일에 얼마나 되는지 점검해 볼 필요가 있다. 타인과의 소통보다 자신과의 소통에 더 집중하고 내가 무엇을 어떻게 원하고 얼마나 필요한지 파악하는 과정을 반복해야 한다. 그러다 보면 더욱 쉽고 빠르게 내가 원하는 것을 알아챌 수 있다. 행복하고 즐거운 삶은 멀리 있지 않다. 천천히 마음을 들여다보고 그 소리에 집중해 보자. 오늘은 무엇이 먹고 싶은지, 어떤 것이 하고 싶은지 그 결을 따라가며 살면 가장 나다운 행복을 찾을 수 있지 않을까?

나를 알아 가는 4 Step:
SLSP(Smile, Look So Perfect)
03

마음결을 따라
보고, 듣고, 선택하고 실천하라.

세상에 단 한 명의 사람을 알아야 한다면 그것은 자기 자신이다. 자기 자신이 좋아하는 것, 싫어하는 것, 갖고 싶은 것, 버리고 싶은 것을 알아야 한다. 내가 가장 싫어하는 말이 '아무거나'이다. 왜 아무거나인가? 자신이 바라는 것이 없는 것은 말이 되지 않는다. 자신을 사랑하고 아낀다면 자신이 원하는 것이 무엇인지 누구보다 잘 알아야 한다. 그런 사람한테는 해 주고도 욕먹기 쉽다. 무엇을 해 줘도 만족할 줄 모르기 때문이다. 자신이 원하는 것이 가장 만족도가 높은데 그것이 없기에 무엇도 만족할 수가 없는 것이다. 그러면 자신을 잘 알기 위해서는 어떻게 해야 할까? 먼저 무엇을 원하는지 보고, 듣고, 선택하고, 실천하는 방법을 따라가는 것이 필요하다. 그럼 어떻게 하는지 알아보고 따라 해 보자.

1 Step: 마음을 들여다보며 마주하기 Scrutinize

나를 알아가는 첫 번째 단계로 자신이 어떤 것을 원하는지, 무엇을 하고 싶은지 알아봐야 한다. 그냥 알아보는 것이 아니라 따뜻하게 살펴보고 섬세하게 들여다봐야 한다. 들여다보고 있으면 한없이 깊어지는 마음이 느껴질 것이다. 그 느낌을 따라가며 봐야 한다. 처음부터 선명하게 보이면 좋겠지만 그럴 확률은 아주 낮다.

지금까지 살아오며 나를 느끼기 위한 시간을 얼마나 가져 보았는가? 당신이 어떤 사람인지 머리가 아닌 마음으로 느끼기 위해 공들인 시간만큼 보이는 시간은 빨라진다. 혹시 늦은 밤 달빛에 비친 물 바닥을 본 경험이 있는가? 휘영청 밝은 달빛 아래 바닷가, 강가, 시냇가에서 물속을 들여다본 적이 있다면 이해하기 쉬울 것이다. 처음엔 어슴푸레 보이는 것을 자세히 또 자세히, 집중하며 들여다본다. 그러면 어느 순간 희미하게 보이던 것의 윤곽이 보이기 시작한다. 다시 보고 또 본다면 그 선명해지는 시간이 짧아진다.

마음 또한 마찬가지이다. 햇빛이 쨍쨍한 한낮이나, 밝은 등 밑에서가 아니라, 한 줄기 등불에 의지하여 보는 것이다. 하지만 그 빛마저 없을 수도 있다. 깜깜한 마음속을 더듬고 더듬다 보면 윤곽이 잡히고, 잡힌 윤곽을 또 더듬다 보면 점점 선명하게 다가올 것이다. 이런 과정을 흔히 명상이라고 한다.

조용하거나 자연의 소리가 들리는 공간에서 눈을 감고 자신에게 집중하다 보면 머리가 맑아지고 명쾌해지는 기분이 든다. 성공한 사람들의 특징에서 이 부분이 있다고 한다. 미국 유명방송인 '오프라 윈프리'는 하루 2번 20분씩 명상하는 시간을 갖는다고 한다. 생산성과 창의성, 정신 건강을 위한 시간이라 한다. 트위터 제작자인 '잭 도시'는 일주일의 계획과 생각을 정리하는 시간을 매주 일요일에 갖는다고 한다. 방법은 역시 명상이다. 평일에는 하루 16시간씩 일한다. 주말에는 다음 일주일을 잘 보내기 위해 명상하고, 그 안에서 피드백을 얻는다고 한다.

이렇듯 자신의 마음을 들여다보면 다음에 어떤 것을 해야 하는지가 보인다. 마음이 원하는 것이 보였다면, 그다음은 어떤 것인지 들어 보아야 한다.

2 Step: 마음의 소리 들어보기 Listen

마음이 원하는 무언가를 보았다면 그것을 어떻게 하고 싶은지를 알아보아야 한다. 어떤 것을 어떻게 하고 싶은지 알아보는 가장 빠른 방법은 물어보는 것이다. 내가 바라본 그 마음을 어떻게 하는 것이 좋을지, 하나가 아니라면 우선순위를 정해야 한다. 버킷리스트와 비슷한 개념이라고 생각하면 쉽다.

나의 학부 전공은 고분자공학인데 4학년 때 연구소나 실무 현장에서 6개월간 체험하며 공부하는 현장 실습 과목이 있다. 나는 운 좋게 재료연구소에 갈 수 있었고, 실습 기간이 끝난 후에도 더 머물러 일할 수 있도록 제안받았다. 기간은 얼마나 될지 모르지만, 일단 제안을 받았다는 사실이 정말 좋았다. 하지만 고민이 많이 되었다. 고분자공학을 전공하여 연구원이 되는 것이 꿈이었지만 막상 된다고 하니 고민을 하고 있었다. 그렇게 고민을 하고 있던 나에게 사수가 한마디를 해 줬다. "고민되니? 그럼 안 하는 것이 맞는 거야."라고 했다. 순간, 불현듯 생각이 스쳤다. 진짜 원하는 일이 아닌 것 같다고.

내가 원하는 일이 무엇일까 생각하고 또 생각해 보았다. 결론은 틀에 박힌 공간으로의 출근은 아니었다. 나는 누군가 정해 놓은 시간에 출퇴근하는 것이 싫었다. 그냥 내 마음이 싫다고 했다. 나중에 성격심리학과 개성심리학을 공부하며 파악한 성격에서 나의 성격이 확실하지 않거나 비능률적인 일에 인내심이 부족한 부분이 있다는 사실에 놀라웠다. 사실 출근 시간보다 출근해서 바로 일을 진행하지 않는 부분이 더 싫었기 때문이다. 아마도 출근 시간의 비능률적인 부분이 시간의 아까움으로 느껴진 듯하다.

'그럼 내가 진정으로 원하는 일은 무엇일까?'라고 내 마음을 향해 질문했다. 결론은 '나는 배워서 남 주는 것이 너무 좋아.'였다. 바로 선생이었다. 그렇다고 틀이 있는 학교는 아니다. 그래서 학원 강사로 2005년부터 지금까지, 아마도 죽기 전까지 나는 강사고, 누구에게든 내가 배운 것을 가르쳐 주다가 행복하게 삶을 마무리하고 싶다. 사람마다 타고난 특기, 기독교에서는 '달란트'라고 하는데, 나의 특기는 가르쳐 주기이다. 같은 것을 설명해도 더 잘할 자신이 있다. 내가 들은 가장 큰 마음의 소리는 '나는 배워서 남 주는 사람'이었다. 아직도 그 생각엔 변함이 없다.

만약, 나와 같이 마음을 보고 들었다면, 자신을 느낀 것이다. 그렇게 온전한 자신을 느끼면 자존감과 자아감과 마주하게 된다. 살아 있음을 알게 되고 존재의 가치를 느끼는 순간 진정한 자신과의 소통이 시작된다. 그리고 그 뒤엔 현명한 선택을 해야 한다.

3 Step: 선택하라 Select

'삼성'의 경영전략인 선택과 집중이라는 말은 아주 유명한 말이다. 이것은 기업이 아닌 개인에게도 적용된다. 하고 싶은 것이나, 할 일이 많은 상황에서 어떤 것이 먼저이고 중요하며 나중을 위해 필요한 것이 무엇인가를 빠르게 판단하고 행동에 옮겨야 한다. 이것을 모르는 독자는 없으리라 생각되지만, 다시 한번 더 강조한다. 마음의 소리를 들었다면, 그다음 가장 중요한 것은 선택과 집중이다.

선택에도 기술이 있다. 어떤 것을 가장 먼저 선택하는가에는 나름의 규칙이 있고 비결이 존재한다. 여러 가지 일이 있다면 그중 가장 빠르게 할 수 있는 것을 선택하는 것이 첫 번째 기술이다. 이것은 일의 효율을 높여주며, 자기 효능감을 향상하기 위해서도 좋은 방법이다. 효능감이란 특정한 일에서 행동 반응이 적절하여 문제가 해결될 것이라는 기대감 또는 신념을 뜻한다.

자기 효능감이란 어떤 일이 있을 때, 자신의 행동이 성공적일 것이라는 기대감과 신념이다. 자신감이 자신을 믿는 마음이라면, 효능감은 자신감을 만들어 주는 요소이다. 작은 효능감이 쌓이고 쌓이다 보면 어느 순간 자신에 대한 믿음이 생기게 되고 문제 앞에서 당당해진다. 할 수 있다는 믿음과 용기가 생긴다. 이러한 이유로 해결 속도가 빠르고 결과도 바로 알 수 있는 일부터 시작하라고 하는 것이다. 자기 효능감을 느끼면 가속이 붙어 일이 빨라지는 것은 당연지사이다.

일에 대한 부분만 이 기술을 쓸 수 있는 것은 아니다. 만약 어떤 목표로 무언가를 하고자 할 때도 적용된다. 운동할 때도 마찬가지이다. 근력 운동을 이제 막 시작하는 사람이 처음부터 고중량 운동을 하는 것은 무리다. 등산 또한 그렇다. 첫 등산은 뒷산, 앞산, 옆 산, 그러다 점점 높은 산을 올라야 한다. 선택은 등산처럼 하는 것이다. 마지막 목표는 에베레스트이다. 그곳에 다다르기 위해 차근차근히 할 수 있는 것부터 빠르게 처리해야 한다. 그리고 그 중심이 어디를 향하고 있는지 목표를 향해 집중하는 것이다. 그렇게 집중하며 자신감에 다다르는 것이다.

4 Step: 실천하라 Practice

현대 그룹의 창업주 고 정주영 회장의 어록이 아주 많다. 그중 가장 좋아하는 말은 "자네, 해 보기는 했는가?"이다. 마음을 보고, 듣고, 어떤 것인지 선택을 했다면 마지막 단계인 실천만 남았다. 선택까지 하는 사람은 생각보다 많지만, 실천에까지 옮기는 사람은 드물다. 이것이 성공하는 사람과 실패하는 사람의 차이가 된다.

나를 잘 모르는 사람들은 내가 생각하면 바로 행동으로 옮기는 것으로 보인다고 한다. 하지만 그 사람들이 보는 것보다 나는 생각을 행동으로 옮기는 과정이 아주 느리다. 어떤 일은 몇 년 동안 고민하다 행동으로 옮기는 일도 있다. 그 고민의 시간을 모르는 사람들이 내가 생각나면 바로 행동에 옮기는 줄 아는 것이다. 나는 생각은 거북이처럼 천천히, 행동으로 실천하게 되면 토끼같이 빠르다. 토끼와 거북이가 공존하는 성격이란 사실을 심리학을 공부하다 알게 되었다.

심리나 상담을 공부하게 되면 가장 중요한 작업이 자기 분석이다. 그 과정에서 나는 계획에서 실천까지는 느리지만 시작하면 빠르게 가고 싶어지는 성격을 마주한 것이다. 결심하고 실천하는 것까진 거북이지만, 시작하면 토끼로 변하는 성격이어서, 생각나면 바로 행동으로 옮기는 사람처럼 보이게 한다는 사실을 알게 되었다. 이러한 내면과 외면의 성격에서 다른 부분이 많음을 파악하고 받아들이니 내적 갈등이 많이 줄었다. 또한, 어떠한 일을 할 때 나의 성격의 특장점을 살려서 하니 일의 능률이 많이 향상되었다.

거북이처럼 오랜 기간 고민 끝에 공부를 시작하였지만, 내가 생각한 결과를 이루기엔 심리상담은 긴 시간이 필요한 분야였다. 심지어 지금도 배우는 중이고, 심리상담사의 배움의 끝은 없다. 하지만 한 단계씩 이루며 결과를 기다렸고, 이제 하나씩 이루는 중이다. 공부를 시작할 때는 내가 과연 논문을 쓸 수 있을까? 박사까지 가능할까? 교수가 될 수 있을까? 의문투성이였지만 결국 하나씩 하다 보니 이루어냈다. 그리고 책 쓰기 시작할 때도 '내가 글을 쓸 수 있을까?'라는 의문이 들었지만 선택했고, 실천했더니 책이 나왔다.

생각을 행동으로 옮기지 않으면 그 결과는 아무도 모른다. 어제의 당신과 오늘의 당신이 다른 사람이듯, 내일의 당신이 더 나은 사람이 되려면 무엇이든 시도를 해 보아야 한다. 해 보지 않고 그 길에 관해 이야기하는 사람만큼 어리석은 사람도 없다. 누군가는 실패해서, 누군가는 너무 오래 걸려서라는 타인의 이야기에 자신을 갖다 붙이지 말자. 그 사람과 당신은 다른 사람이다. 그래서 결과는 다른 것이다. 지금 생각만 하고 실천하지 않은 일이 있다면 그것이 아주 사소한 일일지라도 당장 실천하자. 일주일 후, 한 달 후, 일 년 후 당신은 지금의 당신이 아닐 것이다.

삶의 중량은
견딜 수 있는 만큼 주어진다

04

누구나 삶의 무게는 무겁지만,
그 안에서 신나게 사는 방법은 있다.

고통 총량 불변의 법칙

당신의 삶이 조금 더 무거워 보인다면 그것은 그것을 감당할 힘이 있기 때문일 것이다. 아마 그 삶의 무게를 감당하고 난 뒤의 대가는 당신이 생각하는 것보다 값지고 가치가 있을 것이다. 천재 피아니스트 베토벤은 사랑하는 사람을 잃고 난 후, 상실감에 청력을 같이 잃어버렸다. 피아니스트에게 난청이라니 사형 선고나 다름없었다. 정신적인 고통이 너무 심해 수도원을 찾아갔다. 한 수도사에게 자신의 이야기를 하소연했다. 그 이야기를 듣고 난 후 수도사는 깊은 생각에 잠기더니 나무 상자를 들고 나와 말했다. "여기서 구슬 하나를 꺼내 보게." 베토벤이 꺼낸 구슬은 검은색이었다. 수사는 다시 상자에서 구슬을 꺼내 보라고 했다. 베토벤이 꺼낸 구슬은 이번에도 검은 구슬이었다.

그러자 수사가 말했다. "이 상자 안에는 열 개의 구슬이 들어 있는데 여덟 개는 검은색이고 나머지 두 개는 흰색이라네. 검은 구슬은 불행과 고통을, 흰 구슬은 행운과 희망을 의미하지. 어떤 사람은 흰 구슬을 먼저 뽑아서 행복과 성공을 빨리 붙잡기도 하지만 어떤 이들은 자네처럼 연속으로 검은 구슬을 뽑기도 한다네." 수사는 힘들어하는 베토벤을 향해서 다시 말했다. "그런데 중요한 것은 이 상자 안에는 아직 여덟 개의 구슬이 남아 있고, 그 속에는 분명 흰 구슬이 있다는 거네."

누구에게나 주어진 나무 상자가 있다. 그 나무 상자는 어떤 구슬이 남아 있는지 아무도 모른다. 분명한 건 어제와 다른 내일을 만드는 방법은 알고 있다는 것이다. 베토벤의 어제가 자신의 신세를 한탄하며 고통스러운 마음이었다면, 오늘은 고통에서 벗어나는 마음이다. 실제로 고통의 원인이 없어지지는 않았다. 하지만 생각의 전환이 그 마음을 바꾸게 한 것이다.

나는 고통 총량의 법칙이나 행복 총량의 법칙이 결국 삶의 총량의 법칙이라고 생각한다. 삶 안에서는 무한한 고통도 행복도 없다. 그것을 어떻게 받아들이고, 풀어 가느냐가 삶의 질을 결정한다. 결국, 누구도 아닌 나 자신 안에 고통과 행복이 있는 것이다. 누군가에게는 끝없는 고통이 누군가에게는 삶의 전환점이 될 수도 있는 것이다.

나에겐 불의의 사고로 척추를 다쳐 전신 마비가 된 친구가 있다. 그는 어렸을 적 유도 선수를 할 만큼 체력 및 체격 조건이 남들보다 좋은 사람이었다. 하지만 하루아침에 자신의 의지대로 몸을 쓸 수 없게 되어 버린 것이다. 그렇지만 그는 희망을 놓지 않고 재활에 매달렸다. 끝이 보이지 않는 싸움이기에 더 힘들었다. 그러던 어느 날 모든 것을 초월한 얼굴로 삶을 포기하고 싶다는 생각이 든다고 했다. 살고 싶은 마음이 없다고 말했지만, 그래도 이렇게 포기할 수는 없다며 마음을 다잡기 위해 심리상담을 받고 싶다고 했다. 병원에 있었기에 상담사를 구하기가 쉽지 않았다.

수소문 끝에 실력과 인품 좋은 상담사 선생님을 찾게 되었다. 센터로 올 수 없는 친구 상황을 고려해 주서서 왕복 1시간 20분 거리를 직접 가서서 상담을 해 주셨다. 그렇게 상담을 시작하고 마음의 힘을 되찾은 그는 신체적 재활보다 정신적 재활이 더 빨랐다. 재활 끝에 팔은 움직이게 되었지만, 손가락까진 움직일 수 없는 신체적 한계에 그는 좌절하지 않았고 삶의 전환점이 되어 대학교에 진학하는 도전을 하게 됐다. 그리고 졸업하면 장애인을 위한 단체에 취직도 할 것이라 했다. 그렇게 삶의 방향과 질이 완전히 바뀐 것이다. 그에겐 진정으로 살고 싶지 않은 순간도 좌절하던 순간도, 보이지 않는 그 누군가를 원망하는 시간도 있었을 것이다. 하지만 자신을 사랑할 줄 알았던 그 친구는 그렇게 자신의 제2의 인생을 행복하게 사는 법을 찾았다.

내겐 너무도 소중한 나, Be Your Self

상담 중, 내적 자원을 알아보는 활동에서 자신의 장점이 자신감이라고 적은 내담자 아이에게 자신감이 무엇이냐고 물었다. "자신감은 다른 사람에게 자신의 의견을 말할 수 있고 자신이 자신에 대해서 높게 생각하는 사람이요."라고 하였다. 대답을 듣고 그런 사람은 자신에게 어떤 마음을 가진 사람인지 물었다. "자기를 사랑하는 사람이요."라고 하였다. 14살 아이의 눈에도 자신을 사랑하는 사람이 자신감 있는 사람으로 보이나 보다. 이것은 누군가 가르쳐서가 아닌 태어날 때부터 가지고 태어나는 사람의 집단 심리 아닐까? 내가 나이기에 나를 사랑하는 것은 머리가 아니라 몸과 마음이 하는 것이다. 이성으로 그것에 대한 잣대를 대지 말자. 당신은 당신 그대로 충분히 사랑하고 사랑받을 준비가 되어 있다.

평소와 다를 것 없이 평범한 하루를 보내는 동안 소소하게 실천하기 쉬운 나를 사랑하는 방법을 찾아 실천해 보자. 심리적 보상과 같은 일상 속 보물찾기처럼 매일 하나하나 찾는다면 훨씬 즐거운 하루를 보낼 수 있을 것이다. 내가 선택한 방법은 하루 한 끼는 내가 좋아하는 음식을 먹는 것이다. 저녁 일과가 촉박한 나에게 점심은 하루 중 유일하게 편안한 식사 시간이기에 더 선물 같은 느낌이다. 또한, 하고 싶은 일이 생기면 시기를 지켜보다 행동에 옮기려고 한다. '하고재비'인 나에게 이보다 더 진한 애정표현은 없을 것이기 때문이다.

당신도 당신의 일상에 자신의 가치를 느낄 수 있는 작지만 행복한 일들을 만들어 보면 어떨까? 아마도 오늘보다 내일이 더 기대되는 삶이 기다리고 있을 것이다.

김영화 | ㈜더와이컨설팅 대표

말의 힘:
《세 얼간이》

4챕터

인생엔 마음대로 되지 않는 여러 상황들이 있다. 대부분 이런 상황은 통제가 어렵지만 적어도 내 마음은 통제할 수 있다. 마음을 작동시키는 말의 힘을 통해 내 삶을 내가 원하는 방향대로 만들어 보자.

당신의 인생을 변화시킨
말이 있는가?

01

영화에 나오는 명대사들은 우리들의 마음을 움직인다.
영화 속 대사처럼 우리의 마음을 움직이는 당신의 명대사가 있을 것이다.

All is well(모든 게 잘되고 있어)

천재들만 간다는 일류 명문대 기숙사. 늦은 저녁 세 친구가 대화를 하고 있다. 학교는 최고의 공학도를 배출하기 위해 한 학기에 42개의 테스트가 진행된다. 다음 날에도 어김없이 테스트는 진행되는데 주인공 란초는 공부는 하지 않고 다른 친구의 프로젝트를 완성시키는 데 흥분되어 있다. 자신의 학업만 신경 쓰기도 벅찼던 라주는 그런 란초가 답답하게 느껴졌다.

시험공부만 하는 라주에게 란초가 말을 건넨다.
"라주, 넌 걱정이 너무 많아. 가슴에 손을 얹고 이렇게 말해 봐.
알 이즈 웰(All is well)~ 알 이즈 웰(All is well).
사람의 마음은 쉽게 겁을 먹어. 그래서 속여 줄 필요가 있지.

큰 문제에 부딪히면 가슴에 손을 얹고 이야기하는 거야.
알 이즈 웰(All is well)~ 알 이즈 웰(All is well)"

"그래서 그게 문제를 해결해 줬어?"
라주가 물었다.

"아니 문제를 해결해 나갈 용기를 얻었지."

이 내용은 인도영화 〈세 얼간이〉에 나오는 장면이다. 세 얼간이는 성적과 취업만을 강요하는 학교에 반대하며 배움의 즐거움을 찾는 주인공 란초와 란초와는 다르게 아버지의 꿈을 위해 자신의 꿈을 포기한 채 공학도 길을 걷는 파르한, 그리고 병든 아버지와 가난한 집을 살리기 위해 늘 불안하고 초조한 라주가 란초를 통해서 진정으로 자신이 원하는 삶을 찾아가는 영화이다.

파르한은 아버지의 꿈을 위해 자신이 원하는 사진작가가 되는 것을 포기하고 원하지 않는 공대에 진학을 했다. 대학에서 란초를 만나 자신을 행복하게 하는 것이 무엇인지 알게 되고, 용기를 내어 아버지에게 공학도의 삶이 아닌 사진작가로서의 삶을 살겠다고 이야기한다.

병든 아버지와 가난한 집을 위해 무조건 대기업에 취직해야 하는 라주, 술김에 저지른 실수로 퇴학을 당하게 되자 모든 인생이 끝났다는 좌절감에 학교 건물에서 뛰어내린다. 하지만 란초와 파르한의 정성스러운 간호로 다시 일어나게 되고, 란초의 진심을 통해 불안했던 자신을 극복하고 면접을 보게 된다. 취직을 앞둔 순간 면접관이 질문을 한다. 솔직하게 말하는 태도보다 고객을 다루는 사교적인 인재가 될 수 있냐는 질문에 자신의 의지대로 살겠다고 다짐한 라주는 'NO'라고 말하며 뒤돌아선다. 그러나 오히려 그런 태도가 면접관의 마음을 사로잡는다.

파르한과 라주가 자신의 삶을 찾게 된 계기는 무엇이었을까? 바로 란초의 '알 이즈 웰(All is well)'이다.

란초는 독특했다. 정해진 길을 가는 것이 아니라 자신만의 길을 찾아가고, 관습에 도전한다. 강의실에서는 교수의 질문에 엉뚱한 대답을 해서 쫓겨나기도 한다. 그래도 란초는 아무렇지 않았다. 다른 학년의 교실에서 도강을 하면서 배움의 즐거움에 빠지기 때문이다. 교수들이 탐탁하게 여기지 않는 란초지만 성적은 늘 1등이다. 엉뚱하면서도 삐딱한 천재인 란초. 그런 그도 살면서 부딪히는 여러 가지 문제들이 있다. 그럴 때마다 란초는 '알 이즈 웰(All is well)'을 말하며 용기를 얻는다.

란초는 자기암시를 통해 문제를 해결해 나갔다. 그런 란초의 삶을 지켜본 파르한과 라주도 자기암시가 주는 힘을 통해 자신의 꿈을 이루게 된다.

신들이 찾아낸 신비한 장소, 그리고 마음을 움직이는 말

우리는 살면서 다양한 문제와 마주한다. 예상하지 못했던 질병, 학업,

진로, 직장에서 발생하는 문제, 사업을 하면서 겪는 애로사항 등 살면서 큰 문제가 발생했을 때 당신은 어떻게 대처하는가?

'내게 왜 이런 일이 일어나는가?'라고 원망하며 문제를 회피하는가? 아니면 '방법이 있을 거야. 해결할 수 있어'라고 말하며 문제를 적극적으로 해결하는가? 물론 어떤 문제인가에 따라 때로는 회피가 바람직할 수도 있지만, 저자의 경험상 적극적으로 나서야 문제를 해결할 수 있었다.

'세 얼간이'의 란초처럼 나는 천재도 아니고, 명문 일류대 출신도 아니다. 문제를 해결하는 특별한 능력(특정한 지식이나 기술)도 없지만 공통점은 있다. 감당하기 어려운 문제가 발생했을 때 용기를 내게 해 주는 내 안의 말을 꺼내는 것이다.

직원 없이 혼자서 사업을 시작했을 때, 공공기관의 입찰 공고문을 우연히 봤다. 입찰금액, 과업의 내용들이 혼자서는 도저히 할 수 없는 규모였다. '내가 저런 규모의 사업을 할 수 있을까? 안 되겠지?'라고 겁먹었을 때 나도 모르게 내 안의 말이 나를 움직였다. '네가 하는 일에 불가능은 없어. 그렇다고 100% 가능한 것도 없어. 그러니깐 겁먹지 말고 도전해 보자.'

마음이 겁을 먹었을 때는 '안 될 거야'라고 부정적인 생각이 가득했다. 그런데 내 안의 말이 나를 움직이니 할 수 있는 방법을 찾기 시작했다. 유사한 경험이 있는 지인에게 도움을 청하고 입찰 참가 서류를 준비하고, 제안서를 한 줄 한 줄 써 내려가기 시작했다.

그렇게 한 달 동안 8곳에 제안서를 제출했고, 3곳의 기관 사업을 낙찰받았다.

신들의 능력을 인간의 손에 닿지 않는 곳에 숨겨야 했을 때, 인간의 마음속에 숨겼다는 인도 신화가 생각이 났다. 우리 마음에는 신과 같은 능력이 있고, 그 능력을 꺼내는 것은 '말의 힘'일 것이다.

말의 힘을
경험하다
02

혼자서 감당하기 힘든 어려운 일이 생겼을 때, 누군가가 해 준 한마디의 말로 용기가 생긴 적이 있는가? 말의 힘을 통해 새로운 인생을 살게 된 이야기를 들어 보자.

말이 나를 만든다

나는 말의 힘을 믿는다. '모든 게 잘되고 있어(All is well)'라고 말하는 란초는 영화 속에서 성공한 과학자가 되었다. 파르한도 진정으로 원하는 자신의 꿈을 찾았고, 라주는 자신이 원하던 대기업에 입사하여 공학자가 되었다. 이것이 영화에서만 나오는 해피엔딩이라 생각하면서 좌절하지 말자.

영화 〈행복을 찾아서〉의 주인공, '크리스 가드너'를 아는가? 말의 힘을 통해 자신을 성공으로 이끈 또 다른 주인공이다.

한물간 의료기기를 판매하는 크리스는 매일 최선을 다하지만, 일은 마음대로 되지 않는다.

 잘 팔리지 않는 의료기기로 아내는 매일 야근을 해야 하고, 세금 체납까지 겹치니 생활고로 다툼이 잦다. 결국 아내는 가족의 곁을 떠난다. 하지만 그는 포기하지 않는다. 그를 포기하지 않게 하는 것은 늘 나에게 하는 말 '나를 믿어'가 있기 때문이다. 어느 날 크리스에게 기회가 찾아온다. 주식 중개인이 된다면 크리스가 마주친 회사의 임원처럼 끼니 걱정도 하지 않고 멋진 차에 집까지 생길 수 있기 때문이다. 그것을 이루기 위해 20대1의 경쟁에서 1등이 되어야 한다. 화장실 가는 시간도 아끼기 위해 물도 마시지 않는다. 단 하나의 전화라도 더 하기 위해 수화기를 내려놓지 않는다.

 6년 후 그는 자신의 이름을 따서 '가드너 리치 앤 컴퍼니'를 설립하고, 노숙자에서 억만장자가 된다. 〈행복을 찾아서〉를 소개하는 것은 주인공이 돈을 많이 벌어서가 아니다. 주인공이 자신의 삶을 바꾸기 위해 노력했기 때문이다. 당시 미국은 경제 불황 상태였고, 그런 상황에서 환경을 탓하거나 주저앉지 않았다. 자신이 원하는 삶을 살기 위해 자신을 믿고 그 말이 실현되도록 노력했다. 말의 힘은 언제든 누구에게나 일어날 수 있다.

 1922년 프랑스의 심리학자 에밀 쿠에는 '나는 날마다, 모든 면에서 점점 더 좋아지고 있다'라는 문구로 자기암시 이론을 발표했다. 자기암시는 자신 속에 숨겨진 힘을 믿고, 그것을 행동하는 것이다. 우리의 강한 믿음이 무엇이든지 가능하도록 만든다.

부정적 말이 지배한 나의 고등학교 시절

"학생, 얼굴이 왜 이렇게 어두워. 사진이 예쁘게 나오지 않는데?"

고등학교 1학년, 증명사진이 필요해서 사진관의 의자에 앉았다. 셔터를 누르던 사진사가 말을 했다. 그 말을 들으면서도 나는 예쁘게 나올 필요가 없었고, 웃어 봤자 예뻐질 수 없다고 생각했다. 그리고 가장 큰 이유는 웃을 일이 없었다. 내게 웃을 일이 없었던 것은 여러 가지 이유가 있었다. 나름 똑똑하고 공부 잘한다고 생각했던 나는 마음먹으면 성적 올리는 것은 어렵지 않았다. 친구들과의 관계와 학업 외에 재밌는 것이 많았던 중학교 시절, 공부에 열을 올리지 않아도 성적은 그럭저럭 괜찮았다. 내가 다녔던 중학교는 시험을 보고 나면 전교 20등까지는 해당 학년 복도에 액자 형태로 전교 등수와 이름이 기재되었다. 별다른 관심이 없다가 '한번 내이름을 올려 볼까?'라고 생각하고 공부했더니 전교 20등으로 올랐다.

그런데 그것은 중학교 때까지였다. 시험을 보고 들어간 고등학교는 내가 자란 고향에서 성적이 상위권인 학생들이 입학하는 일류 고등학교였다. 판이 달라졌다.

중학교 때처럼 마음먹어도 성적은 올라가지 않았다. 핑계를 대 보자면 친구들과 나는 경제적 환경부터가 달랐다. 고등학교 첫 시험에서 45명 중에 44등을 기록하면서 현실을 알게 되었다. 한 과목에 적어도 5~6곳 출판사의 자습서를 보는 친구들과 선생님이 정해 준 하나의 자습서를 겨우 살 수 있는 나. 나를 키워 주시는 할아버지의 눈치를 보며 자습서를 사야 한다며 돈을 달라는 말을 할 수 없었다. 그래서 할아버지의 여러 가지 상황을 고려하고 기다려야 겨우 살 수 있었다.

주눅이 들고 해도 해도 오르지 않는 성적으로 인해 내 마음은 늘 부정적인 말이 많았다. '아무리 해도 안 돼. 난 할 수 없어. 따라갈 수 없어.' 그래서 되는 일이 없었다. 그리고 웃을 수가 없었다.

1학년을 그렇게 보냈다. 도움을 청할 누군가가 없었고, 누구에게 어떻게 도와달라고 할지 몰랐었다. 나의 1년은 '결국 링 위에는 혼자 올라야 한다'는 말이 지배적이었다. 그 말은 나를 어디에서나 웃지 못하는 아이로 만들었다.

그때 누군가 내게 말의 힘을 알려줬다면, 사진이 예쁘게 나오지 않았을까?

새로운 인생이 열리다

고3, 그해 수능은 가혹했다. 사상 최대 쉬운 난이도로 인해 만점자가 60명 정도가 나왔고, 만점임에도 서울대를 못 갔다는 후문도 들렸다. 내 점수는 지방 4년제는 안전했고, 서울 4년제 대학은 불안했다.

아직 연로하신 할아버지를 생각하자면 고향의 국립대를 가는 것이 좋았지만, 나는 어떻게든 서울로 가고 싶었다.

고3 때 담임선생님은 대략 내 집안 사정과 서울로 가고 싶은 마음을 알고 있었다. 대학 진학을 결정하는 순간에도 나는 물어볼 사람이 없었고 그때 결정은 내가 감당하기 어려운 것이었다. 아직 어렸기 때문에, 무엇이 올바른 선택인지 결정할 수 없었다. 그나마 내 주변의 유일한 어른은 담임선생님밖에 없었다.

고등학교 3학년 담임선생님에게는 일 년 내내 미안한 마음이 많아 어려운 내색은 물론 내 감정, 내 의견을 잘 표현하지 못했다. 그 이유는 학기 초 반장선거였다. 그때 반장은 인기 투표였고 친구들 앞에서 만큼은 유머러스하고 리더십이 있기에 친구들 사이에서 인기가 많았다. 당시 반장이 되기 위해서는 경제적 여유가 뒷받침이 되어야 했다. 반이나 학교의 행사에서 부모님들의 재력과 엄마의 학교 활동이 이루어져야 임원이라는 역할을 수행할 수 있기 때문이다. 나는 인기만 있었다. 나 같은 아이가 반장이 되면, 선생님이 불편하다는 것을 알고 있었다.

거절 의사를 충분히 밝혔지만 결국 반장이 되었다. 나는 내내 선생님께 미안함과 죄송함이 가득했다. 부모님 없이 할아버지와 단둘이 사는 나를 가정환경 조사지만 봐도 어느 정도 가늠을 하셨을 것이다. 하지만 자존심 센 아이에게 그런 상황은 절대 묻지 않으셨다. 오히려 내가 더 잘할 수 있도록 격려하고 용기를 주셨다. "너는 말을 참 잘해. 바른말과 바른 행동을 보고 배울 점이 많다."라고 하셨다. 간혹 교무실에 불러 몰래 자습서를 주신 선생님도 계셨는데, 감사는 하면서도 속상했다. 선생님이 주시는 자습서에는 '비매품'이라고 쓰여 있었기 때문이다. 고3 때 담임선생님은 그런

배려도 상처가 될까 봐 늘 긍정적인 말로 나를 가르치셨다.

그분을 통해 나는 인생이 바뀌었다. 수능이 끝나고 난 후 내게 말을 하셨다.

"영화야, 너의 무대는 더 넓은 곳에 있단다. 큰물에서 놀아."

그 순간 우울하고 주눅 들었던 내 고등학교 시절이 사라지고 빛이 나기 시작했다. 걱정 많던 내 미래에 선생님의 한마디에 내가 대단하게 느껴지고 무엇인가 할 수 있다는 희망과 용기가 생겼다. '그래? 나 큰물에서 노는 사람이구나?'라고 생각이 되어 당장 여기를 박차고 나가야겠다고 생각됐다.

일 년 동안 꾸준히 해 주셨던 칭찬과 용기의 말 그리고 마지막 말에 희망이 용솟음치기 시작했다. 선생님은 내 옆에서 내가 가진 가능성을 보고 내가 포기하지 않도록 나를 도와주셨다. 그때부터 나는 새로운 인생을 살게 되었다.

말의 힘은 노력과 함께할 때 실현된다

그때부터 나는 '큰물에서 노는 사람'이 되었다. 나는 그 말 한마디에 성공한 듯한 사람이 되었다. 선생님 말처럼 큰물에서 노는 큰사람이 되기 위해 무엇이든 잘하는 사람이 되어야겠다고 생각했다. 서울에서의 삶은 고향과 많이 달랐다. 사람도 많고 재밌는 것도 많고 나는 할 것이 많았다. 무엇보다 공부가 재밌었다. 지금 생각하면 우습지만 뭔가 새로운 내용, 큰 학문을 배운다는 생각, 지성인이라는 생각에 수업 시간이 재밌었다. 캠퍼스라이프는 공부를 통해서 충분히 충족할 수 있었다. 늘 앞자리에 앉아서 교수님의 튀는 침을 받아 가며 눈을 반짝이며 배웠다.

대학의 과대표는 인기만 있어도 활동하는 데 지장이 없었다. 가정환경 따위는 문제되지 않았다. 부대표, 과대표를 하며 친구들과 교수님에게 인정도 받고 나는 큰물에서 노는 사람이 되었다. 그리고 원하는 직장에 들어갔다. 경영학을 배우고 싶었던 나는 그 당시 유행이었던 관광경영을 선택했고, 급여나 복지 측면에서 꽤 괜찮은 여행사에 입사했다.

그리고 나는 회사의 성장에 맞춰서 더 배우기 시작했다. 당시 회사는 '교육'이라는 것이 없어서 어깨너머로 배우는 것이 전부였다. 신입사원 입문교육은 없었고, 팀에 배치를 받자마자 전화를 통해 여행상품을 상담하는 것이 주 업무였다. 이것은 갓 입사한 신입사원뿐만 아니라 팀의 팀장도 전화로 상담하는 것이 기본이었다. 그때 생각했다.

'여기서 큰사람이 되려면 일단 상담을 잘하고, 예약을 많이 받으면 되겠구나'라고 말이다.

모르는 것을 물어보려고 해도 선배들은 바빴다. 선배들은 전화도 받고 상담도 하고 다른 업무도 있었기 때문이다. 주중에 받았던 질문 중에 내가 몰랐던 것을 메모해 놓고 주말에 다른 여행사에 고객인 척 전화를 했다.

그리고 그 질문들에 대한 답을 얻었다. 적어도 그 여행사 직원은 '나보다는 더 잘 알겠지'라는 생각이었다. 점심시간에는 수시로 서점에 갔다. 회사가 광화문에 있어서 지하로 연결된 서점에 가서 내가 담당하고 있는 분야의 여행서적을 많이 읽었다.

그리고 회사에서 일 잘한다는 선배의 상담전화는 귀를 쫑긋하고 들었다. 당시 나는 동남아 팀이었는데 일본팀과 유럽팀의 선배 중에 회사에서 인정받는 두 분이 있었다. 그 두 분은 매일 야근이었고 막내인 나도 그랬다. 야근하면서도 선배들은 고객 관리 차원인지 상담이 많았고 나는 멀리서 여권 서류를 작성하면서 두 분의 상담 노하우를 배웠다.

그렇게 내가 잘할 수 있는 방법을 찾아갔다. 입사 1년 만에 매출 3위를 기록했다. 포상으로 일본 4박 5일 출장을 갈 수 있었다. 가이드가 고객들을 어떻게 응대하는지 역사, 관광지에 대한 안내를 어떻게 하는지 하나도 놓치지 않았다. 출장을 다녀온 후 일본 상담은 물론 입사 동기들은 할 수 없는 유럽, 중남미 상담까지 가능할 정도가 되었다.

그러다 여행업을 떠나 교육을 하는 강사가 되고 싶어 이직을 하게 되었다. 퇴사인사를 하러 간 회계팀의 상무님께서 이렇게 말씀을 하셨다.

"다시 오고 싶으면 와라."

평소 엄격하셔서 재무팀 직원이나 팀장님들과 업무대화만 나누시는 상무님이셨다. 나 역시 결재 서류만 드리고 바로 오는 정도였는데, 일 잘한다는 소문을 들으셨나 보다.

회계팀 직원들이 그 말을 듣고 눈이 동그래져서 나를 쳐다봤다. 퇴사 인사를 하러 온 대리에게 이런 말을 하신 것은 인정받았다는 메시지였다. 그리고 나는 7년 후 교육 회사 대표로 첫 직장에 강의를 하러 갔다.

그때 선생님이 말한 '큰물에서 노는 사람' 그리고 '큰사람'이 되었다. 나는 대학시절과 첫 직장 생활의 경험을 통해 알게 되었다. 내가 하는 말이 나를 만들고, 그것이 가능하도록 노력하는 순간 사실이 된다는 것을 말이다.

말에 마음을 담으면
불가능은 없다
03

우리가 하는 모든 말은
우리의 마음이 담겨 있다.

말에 마음을 담자

　세상은 말을 가볍게 여긴다. 가끔은 아무 생각 없이 이런 말을 할 때 '아차' 한다. 길을 가다 오랜만에 만난 지인에게 "언제 밥 한번 먹자."라고 한다. 꼭 밥을 먹기보다 시간 내서 다시 만나자는 의미인데, 그러고 나서 다시 연락하는 경우는 드물다.

　늘 하던 습관이기에 이 말이 잘못됐다고 생각하지 않았다. 내 주변의 누군가에게 나도 늘 듣는 말이기 때문이다. 그런데 10년 전 만난 지인을 통해 이 말을 이제는 진정으로 밥 먹을 사람에게만 이야기하게 되었다. 지인은 사람들이 습관적으로 하는 "밥 한번 먹자."를 꼭 실행한다. 짧게는 한 달 이내에 길어도 세 달 이내에 식사 약속을 잡아 밥을 기어코 먹고 만다.

어쩌면 상대방도 그냥 하는 말로 들었을 수 있는데 일일이 약속을 잡는 지인의 행동이 이해가 되지 않았다. 왜 그렇게 하느냐는 나의 물음에 이렇게 이야기했다.

"영화야, 나는 내 마음이 그 사람과 밥 한 끼 먹고 싶은 거야.
그래서 만나는 거야."

맞다. 나도 그 밥 한 끼로 지인과 10년째 우정을 맺고, 인생 사는 이야기를 나누는 사이가 되었다. 지인의 마음을 알았기 때문이다. 그날 이후 나는 지인의 지혜를 빌려 꼭 밥 먹고 싶은 사람에게만 밥 먹자 한다. 말에 마음을 담는 것이 중요하기 때문이다.

할 수 있다와 할 수 없다는 한 끗 차이

'이건 안 돼, 할 수 없다'라고 마음먹으면 될 일도 안 된다. 그런데 어떤 일이 생겼을 때 '어떻게 하지? 방법이 무엇일까?'라고 마음먹으면 안 될 일도 된다.

결혼 허락을 받는 과정에서 예상하지 못한 부모님의 반대가 있었다. 내가 선택한 사람을 부모님은 좋아하지 않고, 그 상황을 결혼 상대자에게 전달해야 하는 것도 불편했다. 특히 남편을 만나지도 않고 군인 그리고 9살 차이라는 이유와 '사주가 안 좋다, 나중에 안 좋게 된다'는 것이 납득이 되지 않았다.

직접 보고 마음에 들지 않는다면 포기하겠다는 말로 부모님과 함께하는 식사 자리를 마련했다. 사실 말은 그렇게 했지만 남편과 결혼을 포기할 마음은 없었다. 평소 내성적인 남편은 식사 자리를 흔쾌히 받아들였다.

부모님들이 하시는 기본적인 호구조사를 마치고 결정적인 한마디를 던지셨다.

"자네, 우리 딸과 궁합도 맞지 않고 사주도 안 좋다는데
어떻게 할 것인가?"

침을 꿀꺽하고 남편을 바라봤다. 저 남자는 자기표현을 잘하지 않는 사람인데, 뭐라고 말할까? 기대보다는 걱정이 되었다.

"사주나 궁합은 확률이라고 봅니다.
물론 확률이 높으면 좋겠지만 그런 일이 발생되지 않도록
잘 맞춰 보며 살겠습니다."

굉장히 멋있는 말이었다. 솔직하게 말하는 남편의 말에 부모님은 마음을 여셨다. 그해 겨울 우리는 결혼을 했고 남편은 여전히 말수가 적다. 하지만 그때 꺼낸 그 한마디는 평생을 나와 함께하게 만들었다. 말에는 힘이 있다. 내뱉는 말에 나의 마음을 담아 이야기하자. 그러면 원하는 것을 얻을 수 있다.

당신에게
해 주고 싶은 말
04

당신이 원하는 삶이 있다면,
그것을 이루게 하는 말을 만들어 보자.

말은 우리의 인생을 바꿀 수 있다

유난히 지친 한 주였다. 전날 식사도 걸렀고 중요한 의사결정을 하느라 에너지가 없었다. 아침에 힘들게 몸을 일으켰다. 아침부터 휴대폰 메시지에 답하고, 업무처리 할 일이 많았다. 이번 주에 만나기로 한 고객사에 일정 확인을 하면서 담당자가 내게 마무리 인사를 한다.

"오늘도 힘나는 하루 보내세요."

그분의 메시지 한 줄에 피식 웃었다. 에너지가 넘치는 그분의 에너지가 전달되었다. 아침부터 시작되었던 피로가 그 한마디로 사라지고, 하루를 시작할 힘이 생겼다.

"그래, 힘내야지."

아주 사소한 말 한마디가 하루를 변화시킨다. 그뿐이겠는가? 우리의 인생도 바꿀 수 있다.

나는 스스로 큰물에서 노는 큰사람이 된 순간 '결국 링에는 혼자 올라야 한다'라는 말은 다시는 하지 않았다. 내 인생을 지배하는 말은 '세상에 불가능은 없다. 그리고 100% 가능한 것도 없다'는 말이다.

내가 해석한 뜻은 도전해도 괜찮고, 실패해도 괜찮다. '그러니 나아가라'라는 뜻이다. '할 수 있을까? 안 되면 어쩌지?'라고 겁먹고 주저하기도 했었다. 그래도 괜찮았다. 왜냐하면 나를 움직이는 말이 있기 때문이다.

우리는 보통 인생을 행복과 성공이라는 말로 결과를 평가한다. 아직 평가하기는 이르지만 지금까지의 결과를 말하자면 행복과 성공의 절반을 이루었다. 어차피 기준은 주관적이니깐, 내가 하고 싶은 일을 하고, 함께하는 팀이 있고, 누군가 내가 잘한다고 인정해 주고 내 이름으로 된 안식처가 있으니 난 행복하고 성공한 삶이라고 생각한다.

절반이라고 말하는 이유는 남은 인생이 아직 많기 때문이 아니다. 더 하고 싶은 일이 남았고, 더 많은 팀이 생기고 나를 인정해 주는 사람들을 더 만날 수 있기 때문이다.

세 얼간이의 알 이즈 웰, 행복을 찾아서의 나를 믿어

세 얼간이의 란초는 역경에 부딪힐 때 이렇게 이야기한다.

"알 이즈 웰(All is Well)"

세상이 성적과 취업을 강요할 때 란초는 배움 자체가 즐거움이었다. 그런 과정을 아이들에게 알려 주기 위해 학교를 설립하고, 전 세계에서 부르는 유명한 과학자가 되었다.

행복을 찾아서의 크리스 가드너는 앞이 보이지 않는 가난 속에서 '나를 믿어'라고 말한다. 그리고 노숙자에서 백만장자로 성공했다.

유명한 과학자, 백만장자는 영화에서만 나오는 해피엔딩이 아니다. 과학자나 백만장자가 아니어도 우리 인생에서 얻고자 하는 작은 무엇, 당신이 원하는 행복과 성공의 결과물일 수도 있다.

앞이 보이지 않는 막막함, 그 무엇도 결정할 수 없는 불확실한 시대. 그렇다고 주저앉아 있을 것인가? 용기가 나지 않는다면 외쳐 보자. '알 이즈 웰' 그래서 쉽게 무너지고 속는 마음을 다시 속이자. '괜찮아, 잘되고 있어'라고 말해 보자.

실패했다고 이야기하는 당신에게

"세상에 불가능은 없다. 100% 가능한 것도 없다. 실패하고, 실패하면 결국 원하는 것을 얻는다." 이 말은 내가 무엇인가 일을 앞두고 두려울 때 하는 말이다. 실패했다고 우리가 패배자가 되지 않는다. 원하는 것을 얻기 위한 과정일 뿐이다. 실패의 정의를 성공의 과정이라고 생각하자.

나는 더 이상 두렵지 않다. 가슴 속에 품고 있었던 새로운 일을 해야겠다는 용기가 생겼다. 여러분도 하고 싶은 일이 있는가? 혹시 여러분이 원하는 삶에 망설여지거나 두려운 것이 있는가? 여러분의 삶에서 얻고 싶은 것이 있다면, 란초처럼 '알 이즈 웰(All is well)'을 찾아라. 그래서 얻고자 하는 것을 얻어라. 이제 어떤 말을 당신에게 해 주고 싶은가?

박나연 | ㈜아샤기업교육컨설팅 B2B사업팀 팀장

리더의 성장형 피드백:
〈위플래쉬〉

5챕터

시대가 급변하고 조직문화가 달라져도, 리더에게 피드백은 여전히 중요한 역량이다. 이제 리더는 결과에 대한 평가나 질책이 아닌 부하 직원의 노력과 과정에 초점을 맞춘 '성장형 피드백'을 할 수 있어야 한다. 부하 직원이 스스로 동기부여 할 수 있도록 돕고, 더 나은 성장을 계획하고 실행할 수 있도록 지금부터 '성장형 피드백'을 시작하라!

성공을 위해
질책은 꼭 필요한가?
01

질책보다 질책의 방법이
더 중요하다.

성공을 위한 채찍질

대부분의 음악 영화는 천재적 재능을 가진 주인공과 그의 천재성을 돕는 조력자가 존재한다. 하지만 이러한 고정관념을 깨부순 영화가 있다. 바로 라라랜드로 유명한 데이미언 셔젤 감독의 〈위플래쉬〉다. 직역하면 채찍질이라는 뜻의 이 영화는 뉴욕의 명문 셰이퍼 음악학교 내 평범한 밴드에서 보조 드러머였던 앤드류의 이야기다.

앤드류는 우연한 기회로 교내 최고의 밴드에 들어간다. 그러나 그 기쁨도 잠시, 한 치의 오차도 허용하지 않는 지휘자 플레쳐 교수에게 심한 폭언과 폭행에 시달린다. 차가운 플레쳐의 평가에도 그에게 인정받기 원하는 앤드류. 점차 열등감에 사로잡혀 손에 피가 나도록 드럼 연습에 매달린다. 중요한 경연이 있던 어느 날, 앤드류는 교통사고를 당하지만 메인 드러머 자리를 뺏기는 것이 두려워 그 상태로 무대에 올라간다. 결국 연주를 망친 앤드류는 이 일로 플레쳐의 밴드에서 쫓겨난다. 그리고 얼마 뒤, 플레쳐 또한 폭력으로 신고당해 밴드에서 퇴출당한다. 시간이 흘러 드러머의 꿈을 포기한 앤드류는 우연히 동네 작은 재즈 바에서 플레쳐와 재회한다. 플레쳐는 앤드류에게 음악 페스티발에서 공연할 자신의 팀에 합류할 것을 부탁하고, 앤드류는 이에 응한다. 그렇게 앤드류는 다시 드럼 연습에 매진한다. 하지만 그렇게 준비한 공연 당일, 플레쳐는 무대에서 앤드류에게 "네가 신고한 거 모를 줄 알았냐?"라고 말하며, 예정에도 없던 곡을 연주하여 앤드류를 당황시킨다. 이에 크게 모멸감을 느낀 앤드류. 그 또한 복수를 위해 지휘자인 플레쳐를 무시하고 독자적인 드럼 연주를 시작한다. 그만하라는 플레쳐의 제재에도 앤드류는 광기 어린 연주를 이어간다. 서로에게 복수와 배신을 반복하는 극한 갈등 속에서도 누구나 몰입할 수밖에 없는 최고의 연주를 보인 앤드류. 이에 플레쳐는 만족스러운 미소를 보이고, 앤드류 또한 알 수 없는 미소 짓는다. 둘은 마지막으로 '위플래쉬'를 완벽하게 연주하며 엔딩을 맞이한다.

직장 내 가스라이팅

〈위플래쉬〉속 플레쳐의 지속적인 채찍질은 그것이 앤드류의 성공을 위한 일이라고 믿는 자기합리화에서 비롯된다. 하지만 앤드류는 플레쳐로 인해 드럼 연주에 대한 강한 열등감과 강박관념을 가지게 됐다. 이는 스승과 제자 간의 명백한 가스라이팅이다. 가스라이팅이란, 권력의 불균형이 있는 관계 속에서 타인의 심리를 통제하고 장악해 심리적 학대를 하는 것을 말한다. 상황 조작을 통해 타인의 마음에 자신에 대한 의심을 만들고, 점차 판단력을 잃게 만들어 상대에 대한 지배력을 행사하는 것이다.

이는 상대적으로 상하 관계가 명확한 직장에서도 흔히 찾아볼 수 있다. 많은 사람 앞에서 리더가 큰 소리로 면박을 준다거나, 업무 외 학벌이나 개인적인 사유로 비하를 한다거나 매사에 다른 사람과 비교해서 꾸짖는다거나 가이드도 없이 닦달만 하는 등의 질책 행위 등이 그 예이다. 이런 행위가 지속되면, 부하 직원은 업무를 할 때마다 리더의 눈치를 보고, 리더와의 관계에 극도로 예민한 반응을 하게 되며, 혼자서는 아무런 결정을 할 수 없을 정도로 판단력이 낮아지게 된다. 더 안타까운 점은 가해 행위가 '상대를 위한다'는 위험한 착각으로 인해 쉽게 중단되지 않는다는 것이다. 그렇기 때문에 가스라이팅에서 벗어나기 위해서는 스스로 가스라이팅 피해자라고 자각하는 것이 중요하다. 자신이 가스라이팅을 당하고 있는 것은 아닌지 의심해 보고, 상황을 객관적으로 볼 수 있는 제3자나 조력자를 찾아 피해 사실을 알리고 도움을 받는 것이 좋다.

귀한 자식 매 한 대 더 때린다?

옛말에 "귀한 자식 매 한 대 더 때린다"는 말이 있다. 이는 귀한 자식일수록 매로 때려서라도 버릇을 잘 가르쳐야 한다는 말이다. 하지만 시대는 변했다. 폭력의 피해자가 또 다른 폭력의 가해자가 될 수 있다는 점에서, 훈육을 빙자한 육체적, 언어적 폭력은 그 어떤 것으로도 합리화해서는 안

된다는 것이 여러 차례 증명되었다. 아이를 훈육하는 데 있어 과정이나 방식은 매우 중요하다. 그 과정과 방식에서 아이들이 더 많은 것을 배우기 때문이다. 이제는 귀한 자식 매 한 대 더 때린다는 말이 '자녀를 잘 키우기 위해서 적절한 훈육이 필요하고, 적절한 훈육은 그때도 지금도 여전히 중요하다' 정도로 인식돼야 한다.

직장에서도 마찬가지다. 제너럴 모터스의 전 CEO, 코오디너는 "훌륭한 리더는 최소한 3년 이내에 자기보다 3배의 성과를 높일 수 있는 사람을 3명 이상 육성해야 할 책임이 있다. 상사의 업적은 부하 직원의 능력을 통해 달성된다."라고 했다. 이는 가정에서 부모가 자식을 기르는 것과 같이 직장에서도 리더가 부하 직원이 성과를 낼 수 있게 잘 이끌어 갈 책임이 있다는 의미다. 그렇다면 부하 직원을 잘 이끌기 위해서 리더에게 필요한 것은 무엇일까? 제너럴 일렉트릭의 전 CEO, 잭 웰치는 "리더들이 하기 어려운 일 중 하나가 사람을 질책하는 것이다. 질책을 즐기는 사람이 리더가 될 수 없듯 질책을 할 수 없는 사람도 리더가 될 수 없다."라고 했다. 이처럼 부하 직원의 잘못된 점을 바로잡는 리더의 질책은 부하직원이 성과를 내는 데 있어 필수 불가결한 요소다. 하지만 리더가 질책을 할 때에도 그 과정과 방식은 매우 중요하다. 부하 직원의 성과를 위한다는 말로 지속해서 질책만 하는 것은 학대가 될 뿐이다. 리더는 '어떻게 잘못된 것을 바로잡을 것인가?'를 고민하는 자세가 필요하다.

옳음과 친절함 중 하나를 선택할 땐 친절함을 선택해라

인간은 감정의 지배를 받는다. 잘못에 대해 질책이나 꾸짖음을 당할 때 부정적인 감정이 생기는 것은 당연지사다. 부정적인 감정은 메시지가 제대로 전달되는 것을 방해하고 관계를 악화시킨다. 누구나 한 번쯤 상대의 문제에 대해 직언을 했다가 오히려 상대와 관계가 소원해지거나 틀어진 경험을 해 봤을 것이다. 나 역시 아끼고 좋아했던 친구와 그런 적이 있다. 나는 그런 경험을 통해 '상대를 위한 조언이 둘 사이의 관계까지 희생시켜서는 안 된다'는 것을 배웠다. 그래서 나는 영화 〈원더〉에 나온 명대사인 '옳음과 친절함 중 하나를 선택할 땐, 친절함을 선택해라'라는 말을 좋아한다.

우리는 상대를 대함에 있어 더욱 친절할 필요가 있다. 이는 부하 직원에게도 마찬가지이다. 부하 직원의 부족함이나 잘못에 대해 아무리 옳고 상대를 위하는 소리라 할지라도 그것이 부하 직원의 감정을 상하게 한다면 본래의 뜻대로 메시지가 전달되기가 어렵다. 이제 리더는 질책이나 채찍질과 같은 부정적 감정을 만들어 내는 피드백이 아닌, 다른 방식으로 피드백하는 방법을 배워야 한다.

리더의
피드백 역량
02

피드백하기를 두려워하지 말라.
리더는 제대로 피드백하는 방법을 공부할 때이다.

시대에 따라 변하는 피드백

사전적 의미로 피드백은 어떤 원인에 의해 나타난 결과가 다시 원인으로 작용해 그 결과를 늘리거나 줄이는 것이다. 피드백이라는 말은, 1860년대 산업혁명 시절 생산·제조 과정에서 노동자의 효율성을 높이기 위해 처음 등장했지만 제2차 세계대전이 끝난 이후에는 매니지먼트 영역에까지 전파되어 조직 내에서 직원과 성과관리를 위해 사용되었다.

과거에는 직장 내 수직적인 상하 관계, 즉 리더와 부하 직원 간의 위계가 분명했다. 또한 역할과 책임이 정해져 있어 상명하복에 따라 일사불란하게 지시와 수행, 평가가 이뤄지는 것이 보편적이었다. 이러한 조직문화는 많은 수의 구성원을 하나의 방향으로 신속하게 움직이게 하고 의사결정 과정의 효율성을 높여 주어 조직의 빠른 성장을 이루는 데 도움을 주었다. 하지만 시대의 급격한 변화에 따라 수직적인 조직문화보다는, 조직의 구성원끼리 대등하고 평등한 관계인 수평적 조직문화를 점차 더 선호하게 됐다. 수평적인 조직은 구성원들이 자유롭게 의견을 내고 소통할 수 있으며, 이러한 소통 문화가 정착될 수 있는 환경 조성을 중시한다.

이러한 조직문화의 변화에 따라 피드백을 하는 방식에도 변화가 생겼다. 과거에는 리더의 일방적인 지시와 수행, 평가의 피드백이 통하는 시대였다면, 이제는 서로 간의 상호 피드백이 더 중요해졌다. 필요하면 리더도 다면 피드백을 통해 부하 직원의 평가를 받는다. 또한 지시와 수행, 평가가 아닌 결과를 만들어 내는 과정과 지원의 중요성이 더 부각되고 있다. 특히 MZ 세대는 타인의 인정을 받고자 하는 욕구가 강해 자신의 아이디어를 개진하고 평가받는 것을 즐긴다. 이들은 피드백이 일종의 힌트이자 조언이라 생각하기 때문에 가급적 자주 받기를 원한다. 이때 리더가 제대로 된 피드백을 주지 않는다면 리더에 대한 신뢰마저 무너지고 말 것이다. 또한 자기 중심적인 MZ 세대는 상대적으로 본인에 대한 비판에 더 예민하다. 그렇기 때문에 과거의 질책이나 채찍질 같은 방식의 피드백은 이제 MZ 세대에게 허용되지 않을 것이 분명하다.

피드백하기를 두려워하는 요즘 리더들

수년간 기업교육을 하면서 수직적인 조직보다 수평적인 조직의 리더들이 상대적으로 부하 직원의 감정에 더 민감하다는 것을 알게 됐다. 또한,

수평적인 조직일수록 부하 직원에게 피드백하기를 두려워하는 리더가 의외로 많다는 사실에 놀라기도 했다. 한 번은 부하 직원에게 피드백하기를 포기했다던 한 리더에게 그 이유를 물어본 적이 있다. 그는 피드백해도 반영하지 않는 부하 직원을 보면서, 했던 말 계속 반복해서 직장 내 '꼰대'로 소문나느니, 일정 부분 포기하고 크게 문제 되지 않으면 그냥 대충 넘어간다고 했다. 또한 본인이 부하 직원일 때는 리더에게 충성을 다했지만, 지금의 부하 직원에게는 그것을 요구할 수도, 해서도 안 되는 상황에서 세대 갈등을 겪고 있다며 리더의 자리가 어렵다고도 했다.

안타깝지만 시대는 변했다. 변하는 시대에 따라 필요한 리더의 자질과 부하 직원인 팔로워의 자질도 달라졌다. 하지만 그때나 지금이나 성과를 관리하기 위한 피드백 역량은 리더에게 여전히 중요한 부분이다. 앞으로 수평적인 조직문화는 점차 더 확산될 것이다. 결국 피드백하기를 두려워하는 리더들이 더 많이 생겨날지 모른다. 조직의 리더가 피드백하는 방법을 제대로 배우지 않으면, 조직을 이끌고 성과를 내는 리더십을 발휘하기 더욱 어려워질 것이다.

피드백의 목표는 '성공'이 아닌 '성장'이다

누구나 성공을 원한다. 성공하면 우리는 행복해질 수 있을까? 자신을 채찍질하며 성공한 사람 중에 공허함, 우울증 또는 공황장애 등의 정신적 압박이나 스트레스를 호소하는 사람들이 의외로 많다. 2020년 통계청 자료에 의하면 우리나라는 일평균 36명이 자살한다고 한다. 이 중 고위 공무

원 기업체 간부, 임원 등 기업체 관리직 외에도 교수, 의사, 회계사 등 누구나 되고 싶어 하는 선망의 직업을 가진 사람도 다수다. 성공한 지위에 오른 사람들. 왜 그들은 극단적인 선택을 했을까? 우리는 그 이유를 정확히 알 수는 없다. 하지만 성공이 무조건적인 행복을 보장하는 것이 아니라는 것쯤은 알 수 있다.

한 연구 결과에 따르면, 결과를 중시하는 사람들이 과정을 중시하는 사람보다 자존감이 더 낮다고 한다. 낮은 자존감은 결국 자신을 실패자로 느끼게 하고, 자신을 불행하게 만든다. 누구나 모든 일에서 성공할 수 없는 것처럼 직장에서의 업무도 결과가 모두 좋은 성과로 이어지지는 않는다. 리더가 결과만을 중시하여 그것을 실패로 치부해 버린다면 모든 일은 성공과 실패로만 이분화될 것이다. 이제 리더는 부하 직원의 성과나 결과가 아닌 성장과 과정에 초점을 맞춰야 한다. 오늘보다 더 나은 내일, 현재의 나보다 더 나은 성장에 포커스를 맞춰야 한다. 이렇게 질책과 비판이 아닌 구성원의 성장을 돕는 피드백을 '성장형 피드백'이라고 한다. 성장형 피드백은 목표나 성과를 비록 달성하지 못했더라도, 스스로 발전하고 성장한 것에 충분히 가치를 두는 미래지향적 피드백이기 때문에 모든 일을 성공과 실패로 이분화하지 않는다. 또한 긍정적인 에너지로 스스로 동기부여 할 수 있도록 돕고 오늘보다 더 나은 내일, 현재의 나보다 더 나은 성장을 이끈다.

리더의
성장형 피드백 방법

성장형 피드백을 통해 과거가 아닌 지금 현재와
더 나은 내일에 포커스를 맞추는 방법

피드백의 전제 조건, 심리적 안전감

〈블라인드 사이드〉라는 영화 한 편을 더 소개한다. 여러 가정을 전전하며 하루하루 잘 곳과 먹을 것을 걱정해야 하는 마이클을 우연히 발견한 리 앤. 안타까운 마음에 집으로 데려와 하룻밤 잠자리를 내주다 마이클의 순수한 심성에 빠져들어 마이클을 가족으로 받아들인다. 리 앤의 도움으로 마이클은 미식축구 훈련도 시작한다. 처음에는 큰 덩치에 비해 실력 발휘를 못 하던 마이클. 하지만 점차 리 앤과 그녀 가족의 믿음과 지원을 바탕으로 고교 최고의 미식축구 선수로 성장한다.

미식축구 선수 마이클 오어의 성장 실화를 다룬 이 영화는 오피스를 소재로 하거나 리더의 피드백을 직접적으로 다룬 영화는 아니지만, 우리가 다른 사람을 성장시키기 위해 어떻게 그 대상과 상호작용을 해야 하는가를 보여 준다. 우리가 특히 리 앤에게 배울 점은 마이클을 온전한 가족으로 받아들임으로써 마이클에게 심리적 안전감을 주었고, 그것을 바탕으로 믿음과 지원을 통해 마이클을 성장시켰다는 것이다.

심리적 안전감은 피드백에서도 중요한 전제조건이다. 최근 고성과 조직에 필수 요소로 꼽히는 심리적 안전감은 본인이 실수나 실패를 하더라도 타인으로부터 비난받지 않을 것이라고 믿는 믿음을 말한다. 이러한 심리적 안전감은 구성원끼리 솔직한 칭찬과 지적을 주고받는 것을 가능하게 한다. 컬럼비아대 심리학자 케빈 옥스너에 따르면 일반적으로 사람들은 피드백의 30%만 수용한다고 한다. 하지만 놀라운 것은 심리적 안전감이 있는 조직의 경우, 이 피드백의 수용도가 훨씬 높아진다는 점이다. 다시 말해 이는 피드백의 수용도를 높이기 위해서 서로 간의 무한한 믿음과 신뢰를 전제로 하는 심리적 안전감이 꼭 필요하다는 의미이기도 하다. 리더는 부하 직원에게 피드백하기 전에 완전한 솔직함이 허용될 수 있도록 조직 문화를 조성하고, 믿음과 신뢰를 바탕으로 서로 간의 심리적 안전감을 선제공 해야 한다는 점을 잊지 말아야 한다.

하나, 부하 직원이 잠재력을 발휘시킬 수 있도록 도와라!

사람마다 가지고 있는 잠재된 기질과 강점은 다르다. 리더는 그것을 발견하여 제대로 발휘할 수 있게 도와야 한다. 앞서 소개한 〈위플래쉬〉와 〈블라인드 사이드〉 사례를 비교해 성장형 피드백에 대해 조금 더 알아보자.

기존의 메인 드러머인 테너가 악보를 잃어버려 무대에 올라가기를 두려워하자 플레쳐는 강압적으로 무대에 올라갈 것을 요구한다. 이때 테너가 "외워서 치는 걸 못 해요. 알잖아요? 제 기억력은 의학적으로 반드시 시각적인 단서가 있어야 해요."라고 말한다. 하지만 플레쳐는 오로지 악보를 잃어버린 것에만 질책하며 단 한 번의 대안을 생각해 볼 겨를도 없이 메인 드러머를 앤드류로 교체해 버린다. 플레쳐의 이러한 강압적인 방식에 상처받은 테너는 결국 음악을 관두고 의대로 편입한다.

리 앤은 어땠을까? 큰 골격과 체구로 미식축구 공격 포지션에 타고난 체격을 갖췄음에도 다른 선수가 다칠까 봐 자신의 큰 몸을 움직이는 것조차 조심스러워하던 마이클에게 리 앤은 '팀을 우리 가족이라 생각하고 어떻게든 보호하라'고 알려 준다. 마이클이 보호 본능 기질이 98%나 되는 아이라는 점을 적성검사에서 캐치하여 강점으로 활용한 것이다. 실제로 마이클은 리 앤의 피드백으로 인해 놀라운 실력을 발휘하게 된다. 이는 상대의 특성을 고려해 가능성을 이끌어 주는 피드백이 얼마나 중요한지를 다시 한번 상기시켜 준다.

〈위플래쉬〉 속 플레쳐의 경우, 하나의 정답에 모두를 억지스럽게 맞추는 피드백으로 결국 제자의 꿈까지 접게 했다. 개개인이 가진 기질의 이해 없이 오로지 천편일률적인 가르침과 획일적인 평가만을 했다. 우리가 배워야 할 성장형 피드백은 〈블라인드 사이드〉의 리 앤이 마이클에게 한 것과 같이, 부하 직원의 기질이나 잠재력을 활용해서 그것을 업무에 활용할 수 있도록 지원해 주고, 잘할 수 있을 거라는 끊임없는 믿음을 보여 주는 것이다. 사람마다 가지고 있는 잠재된 기질과 강점은 다르기에 리더는 부하 직원의 잠재력을 찾는 매의 눈과 그것을 발전시켜 줄 수 있는 기지를 키워야 한다.

둘, 스스로 과정을 돌아보게 하라
: AAR(After Action Review) 피드백

EBS의 한 프로에서 아이들에게 동일한 시험지 두 개를 놓고 A는 어려운 시험, B는 쉬운 시험이라고 풀고 싶은 시험지를 선택하게 했더니 2/3가 B 시험지를 골랐다. 그 이유는 점수를 잘 받고 싶어서였다. 반면 '재미있을 거 같다'는 이유로 A를 고른 1/3의 학생들은 이후에도 또 다른 문제를 풀어 보려고 하는 적극성을 보여 주었다. A를 고른 아이들의 특징은 도전 자체를 칭찬받는 환경, 즉 과정을 중시하는 피드백을 받아 온 아이들이었다. 이와는 반대로 B를 고른 아이들은 결과가 불분명한 도전은 두려워하며, 필요 이상의 학습을 하지 않으려고 하고, 결과를 얻지 못한다 싶으면 지나치게 위축되는 성향이 있었다. 이런 유형의 아이들은 결과에 대한 두려움으로 공부에서 손을 놓아 버리기도 하는데, 스스로 나는 공부를 안 하는 것이지, 못하는 게 아니라고 자기 위안을 해 버리는 경우가 많다. 이는 그만큼 노력하는 과정의 중요성을 배우지 못했다는 이야기이기도 하다.

〈위플래쉬〉의 플레쳐는 손에 피가 날 정도로 노력하는 앤드류의 모습도, 자신이 원하는 결과가 아니면 하찮게 여겼다. 역경을 딛고 노력하는 과정 따위는 무시했다. 오로지 결과에 대해 평가만 했고, 결과가 좋지 않을 경우 심한 질책을 했다. 이처럼 피드백이 결과에 포커스를 맞추게 되면, 평가가 되고, 그 평가가 좋지 않을 때는 부하 직원이 위축되고 포기하기 십상이다. 반대로 노력하는 과정을 인정해 주는 것은 지속적인 동기부여를 만들어 내고, 이는 더 많은 성과를 만들어 낼 수 있다.

그렇다면 과정에 초점을 맞춰 스스로 돌아보고 성찰하게 하는 피드백은 어떻게 해야 할까? 그 방법을 AAR(After Action Review) 피드백이라 한다.

- 결과를 통해 스스로 얻고자 한 것은 무엇인가? 얻은 것은 무엇인가?
- 현재 얻은 결과와 목표까지의 차이는 얼마인가? 그 이유는 무엇인가?
- 앞으로 계속해야 할 것과 보완해야 할 것은 무엇인가?

이러한 질문에 스스로 답을 찾을 수 있도록 리더가 피드백하는 것이 중요하다. 행동의 결과에 대해 돌이켜보는 과정을 가지도록 도와주는 것은 스스로 객관적인 평가를 하게 되어 당면한 문제가 있더라도 본인이 돌파할 수 있는 전략을 찾음은 물론이고 나아가 시키지 않더라도 자발적인 성과를 위해 노력하게 된다.

셋, 스스로 미래를 계획하게 하라
: AAP(After Action Plan) 피드백

인간의 가장 중요한 가치 중의 하나는 자유다. 자유란 원하는 것을 스스로 선택하는 것을 말하며, 이 자유에는 책임이 따른다. 자유가 없다면 우리는 불행해진다. 피드백에서도 마찬가지다. 어떤 선택과 결정을 할지는 누가 대신해 주는 것이 아니라 스스로가 선택하는 것이고, 그 선택과 결정은 누구나 존중받아야 한다.

〈블라인드 사이드〉의 리 앤은 마이클이 대학 진학의 선택에 있어 고민할 때, "네 인생이잖니, 결정은 네가 하렴."이라고 선택권을 준다. 마이클은 본인이 진정으로 원하는 것이 무엇인지를 고민하게 되고, 그 선택에는 한 치의 후회도 미련도 없다.

리더 또한 부하 직원의 선택을 존중해야 한다. 다만, 그들이 더 나은 선택을 할 수 있게 도움을 줘야 한다. 이를 AAP(After Action Plan) 피드백이라 한다. AAP 피드백이란, 미래의 목표를 달성하기 위해 내가 선택할 수 있는 가능한 대안이 무엇인지를 스스로 찾아보게 하는 피드백이다.

- 궁극적으로 이 목적을 달성하고자 하는 이유가 무엇인가?
- 왜 이 일을 해야 하는지, 이 일을 통해 성취하고 싶은 것은 무엇인가?
- 대안 중에 앞으로 해야 할 것과 하지 말아야 할 것(Do & Don't)은 무엇인가?

이러한 질문을 통해 부하 직원의 내린 답이, 조직의 비전 그리고 미션과 결이 같다면, 그 퍼포먼스는 더욱 극대화되어 성과를 이루는 데 더 큰 동기부여가 될 것이 분명하다.

세상에서 제일 쓸모 있고
가치 있는 말
04

리더의 가장 강력한 피드백은 질책이 아닌
따뜻한 위로의 한마디다.

성장형 피드백이 나 자신도 바꾼다

리더가 부하 직원에게 성장형 피드백을 하는 것은 믿음과 신뢰를 주는 과정이다. 성장형 피드백은 부하 직원에게 긍정적이고 강한 영향력을 미치고 개인과 조직을 발전시킨다. 또한 부하 직원 스스로 깨달음을 얻을 수 있다. 이 깨달음은 한 사람의 인생을 바꾸기도 한다. 그래서 성장형 피드백은 '사람을 바꾸는 힘'이 있다.

대부분의 사람은 리 앤이 마이클의 인생을 바꿔 놓았다며 칭찬했다. 하지만 리 앤은 "걔가 내 인생을 바꿔요."라며 마이클이 오히려 자신의 인생을 바꿔 놓았다고 말한다. 이는 남에게 좋은 영향력을 미치는 것이, 결국 본인에게도 좋은 영향력을 미친다는 것을 의미한다. 남에게 좋은 영향을 주는 삶이 나에게 주는 가치는 어떠할까?

그리고 그것으로 인해 내 인생이 바뀐다면? 이보다 더 좋은 수는 없을 것이다. 지금 누군가를 바꿀 준비가 되었는가? 그렇다면 당신의 인생 또한 바뀔 것이다.

성공과 성장의 한 끗 차이

한때는 세계무대에서 은메달이라는 큰 영광을 누리고도 고개를 숙이며 국민들에게 '좋은 성적을 내지 못해 죄송합니다'라고 말하던 스포츠 선수들이 있었다. 열심히 준비했는데 금메달을 놓친 아쉬움은 본인이 더 클 텐데, 금메달을 놓친 것에 실망한 국민들의 마음을 달래느라 연신 사과만 한 것이다. 하지만 요즘은 분위기가 많이 달라졌다. 라이벌과의 경쟁이 아닌 나 자신과 경쟁을 하는 선수들이 많아졌고, 최선을 다한 경기에서 메달을 따지 못하더라도 개인의 신기록을 세운 것에 기뻐하는 선수들이 생겼다. 국민들은 최선을 다한 선수들을 보며 때로는 메달보다 더 큰 감동을 얻을 때가 있다.

일반적으로 사회에서의 한 사람의 성공은 다수의 실패가 있어야 존재한다. 그렇다 보니 실패한 사람은 성공한 사람을 보고 불행해지고, 성공한 사람은 자신보다 더 성공한 사람 때문에 불행해지기도 한다. 누군가의 성공을 빛내 주기 위해 나 자신이 들러리가 되어 버린다면? 그래서 지금 내가 불행하다면? 성공과 실패라는 편협한 말로 행복과 불행을 말하기에 우리의 삶은 더할 나위 없이 소중하다. 우리의 인생은 성공보다 더 큰 가치가 있다. 사회적 성공은 타인과의 비교 속에서 얻어지는 만족이라 행복이 오래가지 않는다. 하지만 개인의 성장은 나 자신과의 비교 속에서 어제보다 더 나은 오늘에 만족감을 주기 때문에 나 자신의 행복에 더 큰 영향을 준다. 중요한 것은 이러한 성장이 쌓여 결국 우리에게 성공을 가져다주기도 한다는 것이다. 성장을 통한 성공이야말로 진정한 성공이라는 것을 우리는 깨달아야 한다. 결국 성공과 성장은 한 끗 차이다. 이제 우리는 '성공'보다는 '성장'이라는 표현을 더 가까이해야 할 때다.

당신, 그만하면 잘했어

플레쳐는 "세상에서 제일 쓸모없고 가치 없는 말이 '그만하면 잘했어'야."라고 말했다. 이는 현재에 안주하고 있다고 느끼는 많은 사람에게 강한 채찍질이 됐다. 하지만 돌이켜보면 우리는 스스로를 다그치고 채찍질하며, 하고 싶지 않은 일을 억지로 해내거나, 힘든 상황을 끝까지 인내한 경험이 너무나 많다. 직장에서 상사에게 까이고, 후배에게 치이며 지금을 버티고 있는 우리, 누군가와의 경쟁에서 이기고 지고를 반복하며, 상처 주고 상처받기를 반복하고 있는 우리, 이제는 우리가 그 상처를 어루만져 줘야 할 때다. 특히 지금, 이 순간에도 한 걸음 더 나아가기 위해 지금의 이 자기계발서를 펴든 당신이라면, 당신을 따르고 있는 부하 직원에게 제일 먼저 해 줘야 할 말은 어쩌면 더 나아가라는 채찍의 말보다는 인정과 위로가 되는 말 한마디가 더 필요한 것은 아닐까? 부하 직원에게 리더가 해 줄 수 있는 그 어떤 피드백보다 더 강력한 피드백은 "그만하면 잘했어." "지금도 잘하고 있어." "앞으로도 잘될 거야."라는 위로와 응원의 한마디라는 것을 우리는 잊지 말아야 한다. 오늘보다 더 나은 내일, 지금보다 더 행복한 내일을 응원하며, 리더들이여, 이제는 질책이 아닌 성장형 피드백을 하라!

윤미정 | 굿컴퍼니앤노무 교육사업부 대표

팔로워십:
《악마는 프라다를 입는다》

6챕터

직장생활을 하면서 누구나 혼란스러움을 경험한다. 세대에 따라 직장에 대한 생각과 마인드에 차이가 있고, 특히, 젊은 세대들은 이해하기 어려운 상황들에 직면하게 되는 경우도 있다. 다른 사람들은 나를 향해 왜 이렇게 행동하는지, 내가 무엇을 해야 할지 판단과 선택을 하기가 어려울 때가 있다. 공동의 목표를 향해 함께 가는 조직 안에서 다양한 사람들과의 관계형성 및 업무관리는 어떻게 해야 하는지, 자신의 성장을 위한 팔로워의 역할을 명확하게 인지하고 실천해 보자.

팔로워는
왜 힘들까?
01

'열심히'만 하는 것보다
'잘하는 것'이 중요하다.

앤드리아는 왜 직장 생활을 힘들어했을까?

2006년 개봉한 영화 〈악마는 프라다를 입는다〉에서는 두 명의 주인공이 있다. 세계 최고 패션 매거진 런웨이의 편집장인 미란다와 그녀의 비서 앤드리아다. 이들은 상사와 부하 간의 갈등 상황을 극복하며 서로에 대한 신뢰가 높은 관계로 변한다. 특히 앤드리아가 팔로워로서 상사에게 인정받기 전과 후의 모습을 비교해 보는 것은 매우 흥미롭다.

앤드리아의 꿈은 저널리스트이지만 지금 당장은 가야 할 길이 너무 멀고 어렵다. 다양한 경험을 위해 도전한 세계 최고의 패션 매거진 런웨이에 기적같이 입사하게 되었고, 1년만 버티기로 결심했다. 하지만 그녀에게는 회사 생활이 매우 어려웠다. 상사는 두 번 말하는 걸 싫어했고, 정확하면서도 빠른 일 처리와 결과를 추구했다. 한마디로 완벽한 업무처리를 지향한다. 그러나 앤드리아는 상사의 업무 스타일과는 정반대다. 행동이 느리고 상사의 말을 자주 까먹고, 상사가 지시한 내용을 되물어 상사로부터 했던 말을 여러 번 반복하게 했다. 또한 상사가 일의 진행 상황이나 결과를 물어보면 앤드리아는 "모릅니다." 혹은 "그건 아직…"이라는 답변을 자주 했다. 상사는 이런 모습의 앤드리아가 마음에 들지 않았고, 청바지와 니트를 입는 편안한 옷차림도 패션업계와는 잘 어울리지 않는다고 생각했다. 이러한 모습이 반복되던 어느 날, 편집장은 앤드리아에게 "내가 널 뽑은 이유가 뭔 줄 알아? 기존에 있던 직원들보다 너는 좀 다를 거로 생각했어. 하지만 나의 기대가 너무 컸나 보다."라며 실망감을 표현했다.

심하게 마음이 상한 앤드리아는 동료 나이젤을 찾아가서 편집장이 본인을 싫어한다면서 불만을 토로하며 눈물을 흘린다. 이때, 나이젤은 "힘들면 관둬, 너 아니어도 네 자리에 올 사람은 많아. 지금 네가 일하는 이곳이 어디인지 알아? 세계적인 패션 매거진을 만드는 곳이야. 이곳은 단순히 잡지가 아니라 전설적인 디자이너들이 수없이 거쳐 간 곳이고 이곳에 오기 위해 남들은 죽는시늉을 하는데, 솔직해지자, 너는 투덜거리기나 했지 무엇을 노력했니? 왜 편집장이 너의 이마에 키스하지 않는지 잘 생각해 봐."라며 위로보다는 충고를 한다. 앤드리아는 나이젤이 한 말이 서운했지만, 곧 자신의 모습을 되돌아보면서 편집장의 일하는 방식을 되새겨 보고 스스로 변하기로 결심한다.

그녀는 나이젤의 도움을 받아서 옷 입는 스타일을 바꾸었고, 상사가 지시하는 내용은 늘 바로바로 메모했다. 행동도 빨라졌으며, 편집장의 일하는 스타일을 계속 관찰하면서 지금 이 일이 끝나면 상사가 무엇을 지시할지, 어떤 질문을 할지 등을 예측하여 준비하고, 상사의 요구에 맞게 일들을 척척 해냈다. 앤드리아의 달라진 모습에 상사도 그녀를 대하는 태도가 달라졌고, 그녀의 업무 능력을 인정하기 시작했다.

'그냥 열심히'보다 '목적을 위한 열심히'가 필요하다

〈악마는 프라다를 입는다〉는 빠르게 변화하는 시대에 숨 가쁘게 돌아가는 직장 생활 속에서 상사와 부하 간의 갈등 상황을 자세히 볼 수 있다.

영화 속에서 앤드리아는 입사 초반에 나름대로 일을 잘하려고 했지만, 그 조직의 특징을 고려하기보다는 자기 생각과 입장에서만 열심히 하고, 인정받지 못하는 것에 대해서만 집중하며 힘들어했다. 만약 앤드리아가 우리 회사가 어떤 특성을 가진 곳인지, 그 특성에 따라 업무 방식은 어떻게 진행해야 하는지에 대해서 먼저 고민해 보고 그 방향과 일치될 수 있는 방식으로 일을 했더라면 상사와의 갈등이 좀 더 빠르게 해소되거나 줄어들 수 있지 않았을까?

사회 초년생 때 보았던 TV 연예 프로그램에서 30대 초반의 남자 배우가 인터뷰했던 장면이 꽤 오래 기억에 남는다. 그 배우는 드라마를 촬영하던 중 실수를 저질러서 드라마에서 하차할 뻔하다가 감독님의 다시 한 번 기회를 주겠다는 말에 "감사합니다. 열심히 하겠습니다."라고 했더니, 감독님이 "열심히 하는 건 누구나 해. 잘하는 게 중요해."라고 말씀하셔서 가슴이 찌릿했다고 했다. 나 역시도 이 말을 들었을 때 가슴이 찌릿했다. "열심히 하겠습니다."라는 말은 흔히 들어 본 말이고, 나 또한 그런 말을 많이 했었는데, '과연 나는 잘하고 있는 걸까?'라는 생각에 스스로 되돌아보게 했다.

열심히 하는 것은 필요하지만 목적도 없이 열심히만 하는 것은 나만 힘들 뿐, 좋은 결과가 나오기 어렵다. 무엇을 해야 하는지 정확히 잘 알고 열심히 하면 좋은 결과뿐만 아니라 스스로 보람과 성취감도 느낄 수 있을 것이다. 직장에서 그 방향을 제시해 줄 수 있는 사람이 바로 '상사'이다. 상사를 통해 배울 수 있고, 다양한 피드백을 받으며 나의 업무를 더 현명하게 처리해 나갈 수 있다.

우리 회사는 어떤 곳인가?

회사는 어떤 곳인가를 생각해 보자. 내가 입사한 회사는 어떤 곳이고 우리 회사의 조직문화는 어떤지부터 파악하는 것이 중요하다. 업종에 따라 조직문화가 다르기 때문이다. 개인의 삶에서는 나에게만 집중하면 되지만 조직 단위인 회사에서는 우리 회사에 어울릴 수 있는 태도를 고민해 볼 필요가 있다.

'태도'란 '어떤 일이나 상황 따위를 대하는 마음가짐. 또는 그 마음가짐이 드러난 자세'이다. 즉 내가 어떤 마인드와 생각을 가졌는지에 따라 나의 행동으로 표현되는 것이다.

　회사는 다양한 유형의 사람들이 모여 있는 곳. 각기 다른 사람들이 협업하여 회사의 비전과 목표를 달성해 나가는 곳이다. 그러므로 개인 삶에서의 태도와 조직 안에서의 태도는 구분해야 한다.

　물론 조직의 구성원으로서 개개인은 매우 중요하다. 그러나 조직은 개인의 성격과 취향만을 인정하기는 어려운 곳이다. 각자가 자신만의 스타일을 고집하며 내 멋대로 일을 해 나간다면 회사는 어떻게 될까? 말이 잘 통하지 않아서 답답해하며 협업 관계가 어려워져서 좋은 성과를 이뤄내기가 어려울 것이다.

　회사는 이익을 창출하는 곳이다. 그래야 회사가 계속 운영될 수 있고 지속적인 성장이 이루어져야 나의 일터도 보장될 수 있다. 그래서 회사에서는 협업이 중요하다. 협업을 위해 각자의 역할 및 업무를 충실히 이행해야 하며, 그 일들의 연결고리가 잘 이어질 수 있도록 커뮤니케이션도 잘해야 한다. 즉, 개인만을 내세우기보다는 조화를 이루어야 하는 곳이다. 특히 팀 단위에서는 상사와 부하 간의 소통과 협업, 업무 협조 등이 매우 중요하다. 그래서 한 팀에는 여러 직급이 있고, 사원, 대리, 과장, 차장, 팀장 등 직급에 따라 역할과 책임에 차이가 있다.

　내가 누구와 마주하고 있는가, 현재 누구와 일을 함께 하고 있는가에 따라서 리더의 역할, 팔로워의 역할을 할 때가 각각 있다. 즉, 조직 안에서 리더의 역할만 하는 사람, 팔로워의 역할만 하는 사람은 없다는 것이다. 상황과 대상에 따라 내가 리더가 되어야 할지, 팔로워가 되어야 할지 판단하여 그에 맞는 역할을 충실히 해야 한다.

왜 중요한 팔로워가 되어야 하는가?
02

팔로워는
리더를 변화시킬 수 있다.

팔로워는 리더를 변화시킨다

팔로워(Follower)의 어원적 의미는 '돕다, 후원하다, 공헌하다, 남의 도움을 필요로 하는 리더를 돕는 존재'이다. 즉 '남의 도움을 필요로 하는 리더를 돕는 존재'이며 '앞장서지는 않지만, Power를 발휘하는 사람'이다.

영화 속에서 편집장은 앤드리아가 하는 모든 일에 늘 질타를 했고, 지시한 사항에 질문을 하려고 하면 "그만." 또는 "끝." 이렇게 말을 잘라 버렸다. 더 이상의 설명도 없고, 지시나 답변은 한 번에 끝나야 했다. 그래서 앤드리아는 상사를 '악마'라고 하며, 친구들을 만나면 상사 뒷말을 하기에 바빴다. 힘든 직장 생활과 스트레스의 원인이 악마 같은 상사 때문이라고만 생각했다. 하지만 동료 나이젤의 충고를 듣고 난 후부터 그녀는 상사의 든든한 팔로워 역할을 톡톡히 해냈다.

어느 날 중요한 파티에 상사와 함께 참석하게 된 앤드리아는 파티 석상에서 상사가 주요 인물을 헷갈려 하며 불안해하자, 편집장에게 가까이 다가가 "프랭클린 대사와 레베카입니다."라고 조용히 알려주었다. 덕분에 상사는 프랭클린 대사, 레베카와 여유로운 모습으로 인사를 건네고 편안하게 얘기를 나누었으며 위기 상황을 넘길 수 있게 되었다. 빠른 판단력과 자신의 든든한 팔로워 역할을 하는 앤드리아에게 감동한 상사는 그녀에게 신뢰가 더욱 쌓이게 되면서 그녀의 능력을 더욱 인정하게 되었고, 중요한 임무를 하나씩 맡기게 되었다.

까다롭고 악마 같다고만 생각했던 상사가 앤드리아를 대하는 태도가 달라진 이유는 무엇일까? 앤드리아는 나이젤의 충고를 듣고 '팔로워로서 자신의 임무와 역할에 최선을 다할 준비조차 하지 않았다는 것'을 깨닫게 되었다. 상사의 탓만 하고 상사가 바뀌기만을 바라기보다는 자신의 위치에서 해야 할 최선이 무엇인지 깨닫고 본인의 임무와 역할에 최선을 다하게 되었다. 팔로워로서 달라진 앤드리아의 최선이 상사의 태도를 변화시킨 것이다.

스스로 일을 찾는 팔로워십은 조직을 단단하게 만든다

팔로워는 리더를 따르는 입장이긴 하지만 그 속에서 큰 힘을 발휘하는 역할을 할 때가 있다. 그 역할을 하는 팔로워십(Followership)은 '조직 구성원이 사회적 역할과 조직 목적 달성에 필요한 역량을 구비하고, 조직의 권위와 규범에 따라 주어진 임무를 달성하기 위해 바람직한 자세와 역할을 하는 제반 활동 과정'을 말한다. 즉, 리더와 함께 조직의 목표를 달성하기 위해 비판적인 사고와 능동적인 참여로 수행하는 과정이며, 리더를 잘 보좌하고 리더가 성공할 수 있도록 최대한 지원해 주는 것이다.

상사와 함께 파리에 가게 된 앤드리아는 상사가 런웨이에서 축출되고 자클린이 편집장이 되리라는 정보를 듣게 된다. 그녀는 상사가 이 위기상황을 대처할 수 있도록 동분서주하면서 상사를 찾아다니며 급하게 이 사실을 전한다. 그러나 편집장의 자리를 오랫동안 지켜온 상사는 이미 이 사실을 눈치채고 있었고, 미리 준비해 놓은 대안을 공식 석상에서 발표함으로써 편집장의 자리를 지키게 되었다. 상사는 앤드리아와 함께 동석한 차 안에서 자신을 위해 동분서주한 앤드리아에게 감동했다고 말한다. 악마같고 까다롭기로 소문난 상사로부터 쉽게 들을 수 없는 낯선 표현이다. 하지만 상사는 앤드리아에게 자신의 속마음도 과감하게 표현하는 관계로 달라져 있었다. 이처럼 앤드리아는 시키는 일만 하면서 불만을 토로하던 신입사원에서 자신의 역할과 임무를 잘 수행하고, 문제를 해결하며, 위기 상황에서는 상사를 한결같이 돕는 능력자로 바뀌어 있었다. 이제는 훌륭한 팔로워로서 리더에게 더 큰 영향력을 발휘하고 있었다.

「리더십 & 팔로워십」, 「최강 팀장의 현장 대화법」의 저자인 요시다 덴세는 '진정한 팔로워는 공헌력과 비판력을 갖춘 자'라고 말한다. 공헌력은 주어진 역할을 충실히 하는 것이며, 비판력은 자신의 사고를 토대로 행동하려는 것을 말한다. 영화 속 앤드리아에게서는 시키지 않아도 자신이 해야 할 일들을 잘 알고, 스스로 일을 찾아서 처리하는 팔로워십의 모습을 볼 수 있다.

나의 상사가 영화 속 편집장 미란다였다면 어땠을까? 아마도 한 번쯤은 퇴사를 고민했을 것이다. 생각하고 느끼는 대로 직설적인 화법을 쓰고, 완벽주의자로서 매우 까다로운 상사와 함께 일한다는 것은 너무 곤혹스럽다. 이런 리더의 모습은 바람직한 리더의 태도라고 하기는 어렵다. 하지만 우리는 여기서 생각해 볼 것이 있다. 나이젤의 충고를 듣기 전의 앤드리아의 모습을 기억하는가? 만약 상사가 그때 그 모습의 앤드리아를 그대로 인정하고, 아무런 피드백도 하지 않고, 그녀의 느리고 답답한 업무 수행 방식을 그대로 지속하게 내버려 두었더라면 앤드리아는 성장할 수 있었을까? 스트레스를 덜 받고 직장 생활이 편할 수는 있었겠지만 자신의 발전은 어려웠을 것이다.

또한 업무는 제대로 돌아갈 수 있었을까? 세계 최고의 패션 매거진답게 빠르게 변화하는 시장 속 누구보다 트렌드를 선도하는 곳에서 앤드리아의 이전 업무 수행 방식은 개선이 분명 필요했다.

상사의 까다로움은 앤드리아 입장에서 마음에 상처를 받을 때도 있었고, 스트레스를 받을 때도 있었지만 오히려 성장할 수 있는 계기가 되었다. 저널리스트의 꿈을 갖고 글 쓰는 일에만 매달렸던 그녀는 사회라는 조직 집단에서는 어떤 능력이 필요한지, 무엇을 해야 하는지, 인맥 관리는 어떻게 해야 하는지 등 까다로운 상사를 통해 많은 것을 배우고 깨달을 수 있었다.

어떤 상사에게서라도 배울 점이 있다

　우리가 흔히 말하는 까다로운 상사와 함께 일한다는 것은 정말 힘들다. 하지만 그 까다로움이 무엇 때문인지 현명하게 판단해 봐야 한다. 오로지 상사 개인만의 생각을 강요하면서 팀원들을 힘들게 하고, 감정을 다치게 하는 커뮤니케이션을 하는 까다로움인지, 아니면 팀의 목표 달성을 위해서 업무를 잘 진행하기 위한 까다로움인지 구분할 수 있어야 한다. 이 두 가지의 모습에서는 다 배울 점이 있다. 팀워크를 방해하거나 업무 수행 방식이 원활하지 않은 부분에 대해서는 내가 상사나 리더가 되었을 때 하지 말아야 하는 지침이 될 수 있다. 반대로 꼼꼼함과 정확성, 현명한 판단력으로 추진하는 업무 수행 방식은 배우도록 노력해야 한다. 그것은 곧 좋은 결과를 이룰 수 있으며, 내가 성장할 수 있는 방법의 하나이기 때문이다.

　2018년쯤 손석희 앵커가 진행하는 뉴스를 보던 중 눈에 띄는 장면들이 있었다. 기자들이 취재해 온 기사를 보도하면 손 앵커는 꼬리에 꼬리를 무는 돌발 질문들을 자주 했다. 특히 가장 흥미로운 부분은 박 기자와 그날의 이슈를 키워드로 정리해서 브리핑하는 시간이었다. 손 앵커의 돌발 질문으로 곤란한 상황을 여러 번 겪어 본 박 기자는 어느 날부터 손 앵커의 까다로운 질문에 전혀 당황하지 않고 오히려 더 당당하고 자신감 있는 모습으로 답변을 하기 시작했다. 박 기자의 답변 중에는 이런 멘트가 자주 있었다. "그래서 제가 준비했습니다", "그래서 제가 이 단어의 뜻이 무엇인지 정확하게 조사를 해 왔습니다.", "이 말이 언제부터 시작된 것인지 집중적으로 찾아보았습니다." 등 손 앵커가 돌발 질문할 포인트 등을 예측하여 아주 디테일한 준비를 해 온 것이었다. 박 기자가 이러한 멘트를 할 때마다 손 앵커는 웃음을 터트리며 "그런 것도 미리 조사를 다 해 오셨습니까?", "대단하십니다." 등의 멘트로 박 기자의 준비성을 인정했다.

손 앵커가 기자들이 곤란한 상황을 겪을 것을 알면서도 이렇게 진행한 이유는 무엇일까? 기자라면 시청자 입장에서 무엇을 궁금해하는지, 무엇을 알고 싶어 하는지를 고민하고, 사실을 근거로 디테일하게 취재하고 보도해야 한다는 것을 알려 주는 방법이었다. 손 앵커의 돌발 질문에 명확하게 답하지 못했던 기자들은 그 상황 속에서 당황했을 수도 있지만, 오히려 무엇을 어떻게 준비하고 취재해야 하는지 잘 배울 기회가 되었을 것이다. 브리핑 코너를 진행하는 박 기자 역시 준비성과 진행 방식이 이전과는 차이가 날 만큼 달라져 가는 모습을 자주 볼 수 있었다. 나는 손 앵커와 박 기자의 티키타카 재미가 쏠쏠해서 이 브리핑 시간을 일부러 챙겨서 보기도 했었다.

여러 사람이 함께 일하다 보면 부조화의 현상들을 겪게 된다. 그 안에서 불안, 초조, 당황, 의욕 상실, 좌절 등 불편함을 느끼게 되지만, 이를 잘 극복한다면 서로가 좋은 환경으로 개선될 수 있다. 우리가 해야 할 것은 부조화의 현상에 대해 불평만 하면서 그대로 놔둘 것인가? 아니면 상황을 극복하기 위해서 해결점을 찾고 노력할 것인가? 이 두 가지 중에 하나를 선택해서 행동으로 옮겨야 한다. 부조화의 현상을 그대로 두는 것은 특별히 애쓰지 않아도 되기 때문에 당장은 편할 수 있지만 해결되지 않은 불편함의 연속된 상황 속에서 지내야 한다. 반면에 부조화의 현상을 해결할 때는 우여곡절이 있고 힘든 상황들도 있으며 관점의 변화도 필요하다. 그러나 이 힘든 시간이 지나면 이전보다 서로가 더 좋은 환경 속에서 지낼 수 있다.

품질 좋은 서비스를 하기 위해 고객들의 불만 사항 속에서 개선점을 찾아내고 더 좋은 서비스를 제공할 수 있듯이 우리도 불편한 상사와의 관계에서 버려야 할 것과 해야 할 것들을 잘 구분해야 한다. 일의 꼼꼼함, 정확성, 진행 방향, 의사결정, 결과를 끌어내는 과정 등 상사로부터 좋은 점들을 찾아내고 나의 업무에 참고하여 적용해 보자. 그것은 곧 팔로워십과 나의 성장에 도움이 될 것이다.

리더와의 파트너십을 위해서
필요한 스킬은 무엇인가?
03

리더에 대한 균형 있는 시각과
역할에 충실한 팔로워십은 자신을 성장시킨다.

'상사 = 꼰대'라는 편견에서 벗어나기

　직장 생활을 해 보지 않은 사람들과 취업 준비를 하는 사람들을 대상으로 강의를 할 때가 있다. 참석자들에게 회사에 대한 주제로 서로 토론하는 시간을 주면 20여 분 동안 '꼰대 상사'라는 말이 여러 번 나온다. 내가 "꼰대가 무슨 뜻인지 아시나요?"라고 물어보면, 그들은 "자기주장만 얘기하고 독선적인 사람이요."라고 답한다. 그러면 나는 한 번 더 질문한다. "그렇다면 조직에는 다 그런 상사분들만 계실까요?" 이 질문에 교육생들은 말없이 고개만 좌우로 흔든다. 얼굴은 미묘한 무표정이나 애매모호하다는 표정이다.

　그들에게 다시 물어봤다. "왜 상사는 꼰대라고 생각하세요?" 그들의 대답은 "TV에서 그렇게 나오잖아요.", "저희 언니가 그랬어요.", "제가 아는 선배는 그렇게 말하던데요." 등이 대부분이었고, 아르바이트 등의 자신 경험으로 얘기하는 사람은 아주 드물었다.

지식백과에서 찾아보면 꼰대는 '권위적인 사고를 가진 어른이나 선생님을 비하하는 학생들의 은어'다. 또 '꼰대는 본래 아버지나 교사 등 나이 많은 남자를 가리켜 학생이나 청소년들이 쓰던 은어였으나, 근래에서는 자기의 구태의연한 사고방식을 타인에게 강요하는 이른바 꼰대질을 하는 직장 상사나 나이 많은 사람을 가리키는 말로 변형된 속어'라고 되어 있다.

조직 생활도 아직 안 해 본 그들, 혹은 이제 막 사회생활을 시작하려는 그들이 '상사=꼰대'라는 개념만 갖고 있다면 사회생활에 대한 흥미나 기대, 적응하기가 어려울 것이다.

최근 TV 한 프로그램에서 회사 이야기를 하며 누군가가 "요즘엔 주인의식을 갖게 하려면 주인만큼 월급을 줘라라는 말도 있어요."라고 했다. MZ 세대들에게서 나오는 얘기들을 인용해서 한 말인데, 조금 안타깝다는 생각이 들었다. 그들이 이렇게 말하는 이유나 입장을 설명해 주고, 회사에서 말하는 주인의식이 무엇인지 정확하게 설명해 주는 것도 필요하지 않을까? 또한 사회생활에 대한 생각의 폭을 넓히고 유연한 사고를 할 수 있도록 좋은 팁도 알려 주면 어땠을까? 하는 아쉬움이 있었다. 이슈나 문제에 대해서는 쉽게 말하면서도 좋은 방향은 알려 주지 않으니 이러한 미디어를 접하는 사람들은 안 좋은 생각을 더 갖게 되는 것 같아서 우려되는 부분도 있다.

조직 단위 안에는 꼰대가 있을 수 있다. 직장 생활뿐만 아니라 아르바이트 등과 같은 조직 생활을 해 본 사람 중에 꼰대 상사를 경험해 본 사람도 있을 것이다. 하지만 우리 회사에는 꼰대 상사만 있는 것은 아니다. 사적인 자리에서는 형과 동생의 관계로 지내면서 고민을 함께 나누는 사람들도 있고, 업무가 잘 풀리지 않을 때 조언을 해 주며 도와주고 위로해 주는 상사도 있다. 편견을 가지면 다양한 사고, 시각, 행동, 표현 등이 한정되고 좋은 인간관계를 유지할 수 없다. 앞으로 나아갈 수 없으며 성장할 수도 없다.

상사를 정확한 시각으로 바라보자. 꼰대의 모습이 보인다면 과감하게 무시하자. 그 모습에 현혹되는 것은 나에게 스트레스 지수만 높일 뿐이다. 하지만 나의 편견에 의해 꼰대 상사로 보이는 것이라면 빨리 편견을 깨고 오히려 내가 해야 할 일, 나의 임무, 팔로워의 현명한 역할에 더 집중해 보자.

리더에 대한 시각은 균형이 필요하다

상사가 함께 일할 때 팔로워 입장에서 무엇을 기대하는가? 일단, 상사는 '리더'이기 때문에 무엇이든 잘해야 한다. 아는 게 많아야 하고, 의사소통을 잘해야 하며, 모르는 걸 물어보면 척척 대답해 주어야 한다. 권위적이지 않아야 하며 모두의 얘기를 잘 들어 주어야 하고, 공감과 이해 능력이 좋아야 한다. 또한 창의적이어야 한다. 아이디어가 더 나오지 않을 때

아주 기발한 생각으로 팔로워를 놀라게 해야 한다. 이렇게 이상적인 상사가 과연 존재할까?

　우리의 욕구를 충족시켜 줄 리더는 뛰어나고 다양한 능력을 갖추고 있어야 한다. 마치 슈퍼맨, 키다리아저씨, 아이어맨처럼 말이다. 그러나 리더를 이렇게 생각하게 된 이유도 있다. 우리는 그동안 세계적으로 위대한 리더에 대한 얘기들을 너무 많이 들었다. 그들의 저서를 읽었으며, 쉽게 강연도 볼 수 있다. 전 세계를 컴퓨터의 세상으로 만든 스티브 잡스, 빌 게이츠를 비롯해서 마크 주커버그, 일론 머스크, 제프 베이조스 등 놀라운 혁신을 이뤄 낸 사람들의 얘기도 쉽게 접하다 보니 리더에 대한 기대가 높을 수밖에 없다. 하지만 현실에서 나와 마주하고 있는 리더는 그렇지 않다. '우리 상사는 유능하지 않아. 리더십이 부족한 것 같아' 등 상사에 대한 실망감을 표현할 때가 많다.

　그러나 위대한 리더들에게도 실패의 경험이 있었고, 우여곡절이 있었으며, 무엇보다 훌륭한 팔로워가 함께 있었기에 위대한 리더가 될 수 있었다. 리더가 아무리 좋은 추진력과 경영 능력을 가지고 있다고 하더라도 움직이는 팔로워들이 함께하지 않으면 좋은 결과가 나올 수 없다. 아이폰이 처음 출시되기 전까지 스티브 잡스는 아이폰의 디자인과 품질, 기능들을 수백 번도 넘게 바꿨다고 한다. 이러한 과정들을 혼자 진행했을까? 그렇지 않다. 이 과정들 속에서 바쁘게 움직인 사람들은 팔로워들이다.

　우리는 평소 리더를 바라볼 때 균형적인 시각이 필요하다. 나의 상사가 우리가 알고 있는 위대한 리더가 아니라는 것을 인지해야 한다. 만약 우리 팀의 결과가 좋지 않다면 상사가 무능한 것인지, 무능한 부하직원을 데리고 있기 때문인지도 정확하게 판단해 볼 필요가 있다. 리더의 방향을 함께 따라 주고, 피드백도 해 주며 조언해 줄 수 있는 훌륭한 팔로워가 함께해야만 목표 달성도, 혁신도 이루어 낼 수 있다.

상사도 '도움이 필요한 사람'이다

나와 오래전부터 친하게 지내고 있는 A는 프리랜서로 일을 하다가 2019년도에 H사에 경력사원으로 입사했다. 직장 생활을 한 지 2달이 지났을 때쯤 나와 만난 자리에서 그녀는 11년 만에 다시 하게 된 직장 생활의 좋은 점과 많이 달라진 조직문화를 얘기하다가 고충을 한 가지 털어놓았다.

입사해서 처음 상무님께 인사를 드렸던 날, 상무님은 A에게 "잠시 이쪽으로 와서 이것 좀 봐 줄 수 있어요?"라며 모니터를 돌려서 보여 주었다고 한다. 화면에는 인사말 같은 내용이 쓰여 있었다. 업무 파악도 안 된 상황에서 갑자기 상무님의 부탁을 받은 A는 당황하면서도 난처할 수밖에 없었다. 한편으로는 꼰대 상사인가? 생각했었다고 한다. 모니터의 내용은 어려운 것이 아니기에 화법이나 표현 방법 등을 수정할 수 있도록 약간의 도움을 드렸고, 이후에도 상무님으로부터 도움 요청이 두 번이나 더 있었다.

A가 말하는 상무님은 일찍 출근하셔서 회사 헬스장에서 운동하신 후

오전 7시부터 업무를 시작하시는 루틴이 있다. 모든 사람에게 늘 친절하며 잘 웃으신다. 사람들과 얘기 나누는 것을 좋아하고, 일도 매우 꼼꼼하게 하신다. 그런데 가끔 A에게 조언을 부탁하는데 A의 입장에서는 부하직원이기 때문에 피드백을 드리는 것이 부담스럽다며 어떤 방법으로 말해야 할지 나에게 조언을 부탁했다. 나는 상무님의 루틴과 평소 행동, 일하는 방식의 설명을 들었기 때문에 좀 더 구체적으로 도움을 줄 수 있었다.

나는 A에게 "상무님 이 부분은 너무 좋으신 것 같아요. 그런데 이 부분만 요런 화법으로 바꾸시면 글이 좀 더 매끄럽고 상무님의 말씀을 듣는 직원들이 더 잘 이해할 수 있을 것 같습니다."와 비슷한 방식으로 몇 가지 사례를 들어 조언을 해 주었다. 다음 날 A에게서 전화가 왔다. 내가 알려 준 방법대로 말씀드렸더니 상무님께서 크게 웃으시면서 너무 좋아하셨다는 것이다.

어느 날 A는 부서 직원들을 대상으로 유형 분석 진단을 진행한 후 나에게 해석과 추가 사례에 대한 도움을 요청했다. 내가 강의하는 분야이기 때문에 도움을 줄 수 있었다. 결과를 보니 상무님은 사람들과 함께 아이디어를 나누면서 일하는 방식을 선호하시고, 인정의 욕구가 매우 높은 성향이셨다. 앞서 A가 상무님께 피드백을 드릴 때, 좋은 점을 먼저 언급하고 인정해 드린 후 조심스럽게 수정할 부분을 말씀드렸던 방법이 상무님께는 너무 잘 맞는 대화 방법이었다. 상무님께서는 A에게 부서 직원들의 진단 결과 설명을 부탁하셨고, 서로 다른 행동과 욕구를 가지고 있는 직원들에게 각각 어떻게 다가가야 하는지, 업무 얘기를 할 때는 어떤 화법을 써야 할지 일일이 메모하셨다. 상무님은 "나도 모르는 게 많고 답답할 때가 참 많아요. 그런데 누구한테 물어볼 수가 있어야지. 그날, 마침 A 씨가 인사하러 왔길래 강의 경력도 있고 해서 물어봤는데 이렇게 나를 도와주다니 정말 고맙지 뭐야."라며 A에 대한 특별한 고마움을 표현하셨다고 했다.

나는 A의 얘기를 들었을 때, 입사 첫날부터 이런 일이 있었다는 게 믿기지 않았다. 하지만 상무님의 일하는 방식과 욕구 분석 결과를 알고 난 후에는 충분히 이해할 수 있었다.

상사는 슈퍼맨이 아니다. 나보다 먼저 입사해서 우리 조직을 더 많이 경험했고, 일에 대해서는 시행착오를 겪으며 나름의 노하우를 만들어 하루하루 열심히 일하는 직장인이다. 모르는 부분은 배우고 싶고, 자신의 판단이나 일의 추진이 맞는지 다른 사람들로부터 확인받고 싶고, 조언 등의 피드백도 필요하다. 상사도 도움이 필요한 사람이다. 빠르게 바뀌어 가는 트렌드를 팔로워가 상사보다 더 잘 알 수도 있고, 디지털 문화에 익숙한 만큼 기기를 더 잘 다룰 수도 있다. 반면에 상사는 디지털 세계를 능숙하게 따라가지 못할 수도 있고, 트렌드도 MZ 세대만큼 빠르지 않을 수도 있다. 그래서 아이디어 회의나 전략을 세울 때도 젊은 세대들이 알고 있는 정보나 도움이 필요하다. 팔로워십은 상사에게 배우기만 하는 것이 아니라 리더와 부족한 것은 서로 도와주는 상생의 관계로써 조화로운 파트너십을 이루어야 한다.

팔로워로서의 파트너십 스킬

「완벽한 팀」의 저자인 마크 허윗, 사만다 허윗은 리더와 팔로워의 파트너십 스킬이 중요하다고 말한다. 그중 팔로워의 다섯 가지 스킬을 알아보자.

첫째, 의사결정 지원 전문가가 되라

리더가 의사결정 구조화를 한다면 팔로워는 진정한 '생각 동반자'가 되라는 것이다. 제안된 의견을 받아들이고, 힘을 실어 주며, 더 개선될 수 있는 방법을 함께 찾아 주는 것이다. 상생적인 판단, 즉 그 아이디어의 어떤 면이 이익이고, 어떤 면이 손해가 되는지 고민함으로써, 긍정성을 향상하고, 반대의견에 대응할 수 있는 방법을 찾는 것이다.

두 번째, 관계 형성이다

상사의 스타일, 선호도, 역량 등을 의도적으로 알고 적용하려고 노력한다. 또한, 나의 역량을 상사에게 알릴 기회를 자주 마련하도록 한다. 상대와 내가 서로 아는 영역, 즉 함께 이해하는 영역이 넓을수록 소통이 잘되고 업무도 잘 진행될 수 있다. 내가 상사를 알고 상사가 나를 알아서 서로의 부족한 부분들을 채워 주는 상호작용은 완벽한 팀을 만드는 데 매우 중요하다.

세 번째, 조직 유연성을 발휘한다

「권력의 법칙」에서 로버트 그린은 "생각은 다르게 해도 행동은 똑같이 하라."라고 제안한다. 조직문화를 중시하고 그 속에서 나의 업무 능률을 올릴 방법들을 연구한다. 상사로부터 배우는 것 외에 자신 스스로 성장과 개발을 위한 노력이 필요하다.

네 번째, 소통의 능력을 키운다

자신의 목적을 이해하고, 타인을 이해시킬 수 있어야 한다. 회사에서는 나 혼자 말하는 것이 아니라 상사, 동료들과 소통을 해야 한다. 타인에 대한 이해나 설득 능력이 부족하다면 말하는 방법을 배우고 연습하는 방법도 필요하다.

다섯 번째, 성과 극대화의 마인드이다

팔로워 역할은 단지 담당 업무들을 실행만 하는 것을 의미하지 않는다. 결과를 도출하고, 지속성을 유지하며, 맥락을 이해하고, 책임감을 갖는 것을 의미한다. 리더가 가지고 있는 목표에 대해서 함께 몰입하고 나의 역할을 찾아서 주도성을 발휘하도록 한다.

왜 리더십보다
팔로워십이 더 중요한가?
04

훌륭한 팔로워는
존경받는 리더가 될 수 있다.

팔로워십 없이 리더십이 있을 수 없다

팔로워의 과정 없는 리더 없고, 팔로워십 없는 리더십이란 있을 수 없다. 팔로워십 없이 성장한 사람이 리더십 있는 인재로 성장하기란 매우 어려운 일이다. 우리가 흔히 알고 있는 위대한 리더들은 모두 팔로워를 거쳐서 리더가 되었다.

우리는 세상에 태어났을 때부터 리더인 부모님의 보살핌과 가르침 속에서 성장하며 팔로워로서 내 삶을 시작하게 된다. 다양한 환경, 선생님 그리고 배움 속에서 성장하며 조직이라는 틀 안에서 많은 사람과 함께 일하는 일상으로 삶을 살아가게 된다. 그 과정에서 우리는 다양한 리더들을 만나게 된다. 그 리더들 중에는 나에게 스트레스를 주고 싫어하는 리더도 있지만 배울 점이 많고 존경할 만한 리더십을 발휘하는 리더들도 있다. 다양한 사람들, 상황 속에서 팔로워로서 내가 어떻게 해야 하는가에 대해 혼란스러움을 느낄 때도 있고 '에라 모르겠다' 식으로 내 마음대로 행동할 때도 있다. 이 두 가지 모습 중 자신을 스스로 컨트롤할 수 있는 능력과 타인의 상황을 고려할 줄 아는 역량을 갖춘 팔로워는 리더가 흔들릴 때도 좋은 방향으로 이끌어 줄 수 있다.

'존 G, 밀러' 저자의 「바보들은 항상 남의 탓만 한다」에서 조직에서 일하는 대부분의 사람들은 이런 태도를 갖는다고 말한다. '왜 다른 사람들은 열심히 일하지 않을까?', '왜 우리 팀에는 유능한 직원이 없는 것일까?', '왜 요즘 젊은 직원들은 좀 더 일에 전념하지 않을까?', '왜 우리 회사에는 유능한 상사가 없는 것일까?', '왜 경영진은 내게 더 많은 권한을 주지 않는 것일까?' 등 주로 남들에 대해 불평을 한다.

그러나 이러한 태도를 바꿀 필요가 있다. '어떻게 하면 지금 내가 하는 일을 더 잘할 수 있을까?', '어떻게 하면 내가 다른 사람들을 도울 수 있을까?', '현재 상황을 개선하기 위해 내가 무엇을 할 수 있을까?' 등 남의 탓만 하기보다는 자신의 역할과 태도에 더 집중해야 한다는 것이다. 이러한 태도를 갖춘 사람들이 함께 일을 한다면 일의 성과가 더 빠르게 달성되고, 좋은 결과가 나오지 않을까? 또한, 직장인들의 스트레스 1위로 꼽히는 동료와의 관계도 더 좋아질 것이고, 자신도 일에 대한 보람과 성취감이 높아질 것이다.

훌륭한 리더는 훌륭한 팔로워에서 시작한다

   학창시절 수사학을 공부하다가 배웠던 좋은 내용들 중에 기억에 남는 글이 있다. 아리스토텔레스는 "남을 따르는 법을 모르는 사람은 결코 좋은 지도자가 될 수 없다."라고 했다. 존중받는 리더가 되고 싶다면 리더를 존중하고 따르는 방법을 잘 알아야 한다. 무조건적인 복종, 헌신, 아부하라는 것이 아니다. 리더를 살필 줄 알고 보좌해야 할 것과 조언해야 할 것을 구분하며 리더를 이해하고 도울 것, 또한 자신의 역할과 책임을 다해 성실하게 일하는 팔로워가 되어야 한다.

   2014년도에 TV에서 방영된 드라마 '미생'에서 안영이 사원은 자신이 야심 차게 작성한 기획안이 보류되자 재무부장을 찾아가서 불만을 토로했다. 그런 후에 자리로 돌아온 그녀는 곧바로 기획안을 다시 들여다보고, 재검토하며 재무팀의 입장을 고려하게 되었다. 제출자가 썼던 단어들의 표현이 재무팀의 입장에서는 불명확하고 승인하기 어려운 기획서라는 걸 깨닫게 되었다. 다시 재무부장을 찾아간 안영이 사원은 자신이 경솔했음을 인정하고 사과했다. 그리고 사업 예산을 집행하는 재무팀 입장에서 원하는 정확성과 자신이 제출한 기획서의 추측성 단어들을 하나씩 되짚으며 "앞으로 기획안이 보류된다면 무엇이 잘못되었는가를 생각하기보다는 무엇을 만족시키지 못했는가를 고민하게 될 것 같습니다."라고 말했다.

   재무부장은 안영이 사원의 현명함을 인정하며 "전공이 무엇이냐? 회계를 많이 배워 둬라. 회계는 경영의 언어다."라는 말을 건넸다. 안영이 사원의 가능성을 보고 그녀와의 미래를 생각하고 있다는 메시지를 전달한 것이다.

상사의 입장에서는 안영이 사원의 태도를 높이 평가할 수밖에 없다. 그리고 탐나는 후배이기도 하다. 자신의 기획서를 되짚어 보며 역지사지를 통해 깨달음과 부족함을 찾아내고, 솔직히 인정하는 진정성은 팔로워가 얼마나 일을 잘하는지 보여 줄 수 있는 태도 중 하나이다.

누구나 팔로워이자 리더의 역할을 하게 된다. 상사에게 인정받는 팔로워, 팔로워에게 존경받는 리더의 태도를 갖추기 위해 스스로 자신을 되돌아보며 마인드와 행동을 잘 가다듬을 수 있어야 한다. 팔로워, 리더를 떠나서 우리는 인간으로서 인정과 존중의 욕구가 있다. 그 욕구가 채워지면 우리는 더 좋은 사람이 되려고 노력하게 된다.

미국의 정치학자인 로버트 켈리(Robert E. Kelly) 교수에 의하면 '조직의 성공에 리더가 기여하는 정도는 20%, 나머지 80%는 팔로워의 몫'이라고 했다. 수치의 정확도를 떠나서 리더를 따르는 사람들이 조직의 성과뿐만 아니라 운명까지 결정한다는 것이다. 당신이 팔로워라면 당신은 리더보다 더 중요한 역할을 하는 사람일지도 모른다는 것을 알아야 한다. 그리고 이미 충분히 팔로워의 역량을 갖추고 있을 것이다. 그러나 타인은 모른다. 상사도 모른다. 내가 보여 주어야만 알 수 있다. 나와 함께 일하는 동료와 상사에게 나의 존재감을 확실하게 알리자. 내가 정말 '괜찮은 사람'이라는 것을 말이다.

황서정 | 다온교육연구소 대표

회복탄력성:
〈마션〉

7챕터

누구나 스트레스 없이 행복하게 살아가기를 바란다. 하지만 빠르게 변화하는 사회 속에서 스트레스를 완전히 받지 않고 살아가는 것은 불가능하기에 이를 조절하는 '회복탄력성'의 발달이 굉장히 중요하다. '회복탄력성'은 단순히 스트레스를 조절하는 것뿐만 아니라 압박받는 상황과 고난의 순간에도 상황을 새롭게 보고 앞으로 나아가는 힘이다. 와트니의 화성 생존기를 다룬 영화 〈마션〉 주인공의 행동을 통해 회복탄력성이 강한 사람들의 특징과 훈련 방법을 알아보자.

화성에서
살아남기
01

화성에서 감자를 재배하는 남자!?
화성에 홀로 남은 와트니의 고군분투 생존기

화성에서 감자 재배하기

　물도 산소도 없는 척박한 땅, 그곳은 바로 인류가 발견한 화성이다. 바로 그곳에 NASA 화성탐사대 소속 마크 와트니가 불의의 사고로 혼자 남겨져 있다. 동료들은 그가 폭풍 속에서 사망한 것으로 생각하고 급히 떠나버렸고, 그에겐 지구와 통신도 안 되는 기지와 약 300일을 버틸 수 있는 식량만이 남아 있다. NASA의 다음 화성 탐사 계획은 4년 뒤에나 있다. 불행한 상황이지만 그는 유행이 지난 노래를 들으며 자신의 상황도 정리하고, 시트콤을 보며 휴식도 취하면서 생존 방법을 고민하기 시작한다. 그때 와트니의 눈에 추수감사절을 위해 아껴 놓은 진공포장 된 감자가 눈에 띈다. 식물학자였던 와트니는 자신의 지식을 이용하여 감자를 먹지 않고 재배할 계획을 세운다.

기지 안에 생존에 필요한 산소와 물이 공급되고 있지만, 감자를 재배하기에는 부족한 상황이다. 와트니는 기지의 여러 기구와 도구를 분해하여 화학 실험에 필요한 장비를 만들고, 물 생성 실험에 도전하지만 멋지게 폭발하면서 첫 번째 도전은 실패하게 된다. 하지만 그는 좌절에 굴복하기보다 오류의 원인을 찾는 데 몰두하여 마침내 물 생성에 성공한다. 심지어 화장실에 남아 있던 동료들의 인분을 비료로 사용하며 감자재배도 성공하게 된다. 성공의 기쁨을 만끽하는 그는 생존 기록용 카메라를 보며 재치 있는 유머도 한마디 던진다. "내가 더 낫죠? 닐 암스트롱?"

하지만 감자재배로 4년을 버티기엔 한계가 있는 법. 지도를 보며 생존을 고민하던 그는 오래전에 화성 탐사에 이용됐던 '마스 패스 파인더'(무인화성탐사선)를 찾아낸다. 이를 통해 마침내 지구와 교신에 성공하게 되고 구조 작전을 수립하지만 순조롭게 진행되지 않는다. 설상가상으로 감자밭이 있는 출입구가 폭발하며 기지 한 면이 날아가게 되고 감자밭은 그대로 화성 외부에 노출되며 화성의 영하 온도에 모두 얼어 버린다. 예상치 못한 상황으로 비상이 걸린 화성 탈출 상황. 결국 와트니는 MAV(소형 무인비행선)로 직접 화성을 탈출하기 위한 긴 여정을 떠나게 된다.

우리는 매일 '화성' 속에서 생존하고 있다

영화 〈마션〉은 갑작스러운 변화 속 생존을 위해 고군분투하는 와트니의 화성 탈출기이다. 멀리서 보면 평탄해 보이는 우리의 삶도, 자세히 들여다보면 저마다 화성 속 와트니처럼 중대한 변화를 겪으며 살아가고 있다. 하루가 다르게 변해 가는 신체와 생각부터 사람 사이의 만남과 헤어짐, 이직과 이사와 같은 삶의 변화, 기술의 발달로 인한 사회의 변화까지 모든 순간에 같은 것은 없으며 그 변화의 정도도 전부 다르다.

우리는 변화의 크기가 크고 작음에 상관없이 변화에 적응하려고 부단히 노력한다. 그 과정을 가만히 살펴보면 적응하는 속도와 반응은 모두 제각기 다르다. 누군가는 극심한 변화와 압박받는 상황 속에서도 자신이 할 수 있는 것을 찾아서 잘 적응하는 반면에, 또 다른 이는 적응하지 못하고 오랜 시간 동안 스트레스를 받으며 하루하루를 불안과 걱정으로 살기도 한다.

나는 교육을 통해 사람들의 성장과 발전을 돕는 강사이다. 2020년 1월 국내에 첫 코로나 19 감염자가 발생한 뒤, 약 6개월 정도는 강사로 활동한 이래로 가장 큰 타격을 받았다. 대부분 대면 강의로 이루어졌던 기업교육 시장이 일시적으로 문을 닫으며, 생계유지를 위한 최소한의 경제적 수입마저 사라지게 된 것이다. 그때의 기분은 마치 폭풍으로 인해 화성에 홀로 남겨져 있던 와트니처럼 아무것도 할 수 없는 상황 속에 놓인 것 같았다.

하지만 그런 생각도 잠시였고, 살아남기 위해서 무엇을 할 수 있을까 생각하고 찾아봐야 했다. 사회의 흐름을 보고 교육 시장을 연구하면서 내린 답은 온라인 강의였다. 빠르게 비대면 강의 도구들을 학습하여 새롭게 제안서를 만들고 강의를 홍보했다. 익숙하지 않은 것에 두려움이 있는 담당자들에게 온라인 강의가 지닌 장점과 새로운 강의 도구들로 설득했고, 결국 비대면으로 강의를 옮겨 진행할 수 있었다. 이제는 애프터 코로나의 시대에서도 버틸 수 있는 온라인, 오프라인 강의가 모두 가능한 강사로 적응한 것이다.

하지만 조직 생활이 맞지 않아 직장을 그만두고 프리랜서가 되었던 후배 강사 A는 달랐다. 코로나 19 이후에도 중단된 오프라인 강의 스타일에서 벗어나질 못했고, 온라인 강의를 받아들이는 것을 어려워했다. 사태가 장기화되며, 뒤늦게 온라인 강의를 진행하려 했지만 새로운 환경에서의 적응은 그녀에게 쉽지 않았다. 결국 1년 동안 그녀의 마음은 불안한 감정들로 가득 찼고 프리랜서 생활을 정리할 수밖에 없었다.

그로부터 얼마 뒤, 안정적인 직장에 취업했다는 이야기를 들었고 다시 돌아간 조직에서 잘 적응하며 나아가길 응원해 주었다. 앞으로도 그녀 앞에는 수많은 스트레스와 변화가 놓일 것이다. 그때 그녀가 더 나은 대처를 하기 위해서는 두 가지가 필요하다. 첫째는 힘들었던 시간 동안 변화와 스트레스에 어떻게 대응했었는지 돌아보고 자신의 모습을 반면교사 삼아야 하며, 둘째는 앞으로 어떻게 하면 더 잘 적응할 수 있을지 학습하고 실천하는 것이다.

화성에서 생존했던 방법은 지구에서도 통한다

'화성에서 감자 재배하기'만으로도 비범함이 느껴지는 와트니는 어떻게 극악한 변화 속에서 적응하고 생존할 수 있었을까? 그의 회복탄력성을 자세히 볼 필요가 있다. 영화 속 와트니는 넘어져도 끊임없이 일어나는 오뚜기와 같은 모습을 보인다. 그런데 자세히 들여다보면 단순한 오뚜기가 아니다. 넘어지고 일어날 때 왜 넘어졌는지 생각하고 일어나는 오뚜기다. 즉 무조건 '하면 된다!'식의 전투력으로만 돌진하는 모습이 아니라 넘어진 이유를 파악하여 다음에 넘어지지 않는 방법까지 생각하는 것이다. 이렇게 스트레스 상황을 객관적으로 분석하고 빠르게 극복하여 원래 상태, 혹은 그 이상으로 돌아오는 능력을 '회복탄력성'이라 한다.

와트니는 화성에서 홀로 남겨졌을 때 자신의 강점이었던 식물학적 지식을 이용하여 식량으로 가져온 감자의 용도를 재배용으로 바꾼다. 그리고 위기 상황에서 스스로에게도, 동료에게도 유머를 잃지 않고 웃음으로 상황을 대처한다. 감자재배에 실패했을 때, 기지가 날아갔을 때, 소형 무인비행선의 상황이 여의치 않았을 때도 자신을 비난하고 자책하기보단 무엇이 문제였는지 원인분석에 초점을 맞춘다. 생각해 보라. 생존의 전부였던 감자가 모두 망가져 버린 상황에서 평정심을 유지하는 것이 쉬운 것일까? 물론 와트니가 변화 속에서 스트레스를 받지 않은 것은 아니다. 욕도 많이 하고 부정적인 감정도 표출한다. 하지만 그 순간은 짧았고 이내 빠르게 상황에 적응할 방법을 모색한다.

사람의 신체는 항상성을 유지하는 방향으로 반응한다. 신체에 변화가 생기면 원래의 상태로 되돌리기 위해 체내에 있는 신경세포들이 분주하게 움직인다. 우리의 정신도 마찬가지이다. 크든 작든 이전과 다른 '변화'가 감지되면 이전의 삶으로 돌아가고 싶은 생각이 들게 되고, 이 과정에서 스트레스를 받는다. 따라서 빠르게 변화하는 삶 속에서 잘 적응하고 스트레스에 유연하게 대처할 수 있는 회복탄력성이 필요하다.

변화와 스트레스에 강한
이들의 비밀
02

회복탄력성이 강한 사람들의 세 가지 특징,
나는 가지고 있을까?

세상이 나에게 등을 돌리더라도

　차가운 바람이 부는 독일의 도시 마르짠. 원피스도 스스로 벗기 힘들어 보이는 뚱뚱한 몸으로 바쁘게 걸어가는 카티가 있다. 자신의 친구와 바람 피운 남편과 이혼 후, 딸과 살아가기 위해 면접을 보러 가는 그녀의 발걸음은 한껏 들떠 있다. 한때 독일 수상의 머리도 만졌던 화려한 경력을 가지고 있었기에 당당하게 면접을 보지만 그녀의 뚱뚱한 모습을 보고 사장은 "미용실은 아름다움을 만드는 곳인데 당신은 아름답지 않네요."라며 거절한다. 쓸쓸하게 발걸음을 돌리는 찰나 그녀는 미용실 맞은편 중국집이 폐업 정리를 하는 것을 보게 되고 그곳을 미용실로 꾸민 행복한 상상에 빠진다. 그리고 무작정 관리사무소로 찾아가 자신이 이 가게를 계약할 것이라며 거액의 계약금을 마련해 오겠다고 자신 있게 말한다.

카티는 계약금 마련을 위해 정부의 창업지원금도 신청해 보고 은행에 여러 번 찾아가 대출을 요청하지만 거절당한다. 그러다 은행에서 우연히 자신과 같은 처지인 전직 미용사 질케를 만나게 되고 함께 요양원에 찾아가 머리를 해 주는 이동미용실을 차리게 된다. 하지만 계약금을 마련하기는 쉽지 않다. 이동미용실로 돈을 좀 모으나 싶을 때 파마를 하던 노인이 사망하는 사건이 발생하며 카티는 경찰서에 끌려가고 설상가상으로 이동미용실은 불법이라는 이유로 기계들이 압수당한다.

하지만 그녀는 포기하지 않는다. 그녀의 머릿속엔 계약금을 만들어야 한다는 목표로 가득하다. 결국 자신의 집을 제공하여 불법 이민자들이 정착할 수 있게 도와주고, 그 대가로 받은 돈으로 계약금을 마련하고 미용실 개업을 준비한다. 그러나 오픈 직전 갑자기 들이닥친 조사관은 미용실 바닥 마감의 마찰 계수가 기준 이하여서 영업할 수 없다고 말한다. 카티는 바닥 타일을 수리할 더 이상의 돈이 없기에 미용실 오픈은 허무하게 무산된다. 계속되는 시련에 눈물을 흘리며 슬퍼하는 그녀, 하지만 좌절하지 않는다. 곧 현실을 인정하고 가게 정리 후, 헤어드레서에 다시 도전한다.

나를 바꾸는 열쇠는 내 안에 있다

영화 〈헤어드레서〉 속에서 카티는 연달아 발생하는 불행한 일들을 누구보다 덤덤하게 받아들이고, 딛고 나아가는 성숙한 인간의 모습을 보여준다. 만약 카티가 회복탄력성이 낮았다면 어땠을까. "남편과 친구에게 배신을 당하다니 난 실패한 인생이야.", "재수도 없지 왜 내가 하는 일은

다 엉망인 거지!?" 등의 생각과 부정적인 감정에 휩싸여 하루를 보내다 사춘기 딸과 사이도 더욱 멀어졌을 것이다. 그뿐만 아니라 극도의 스트레스로 그녀의 지병인 다발성 경화증*이 악화되면서 미용사의 꿈을 영영 이루지 못했을 수도 있다.

영화 속 카티의 모습은 와트니처럼 높은 회복탄력성을 지닌 사람의 특징을 잘 보여 주고 있다. 현재 나의 모습과 상황을 원망하며 슬픔에 빠져 있지 않고, 자신의 상황을 인정하고 해결책을 찾아간다. 카티의 상황은 누가 봐도 불행한 일의 연속이다. 하지만 카티는 이혼한 본인의 처지나 상황을 원망하기보다 스스로 행복할 수 있다는 믿음으로, 주변 사람들과의 관계 속에서 노력하는 모습도 보인다. 변화와 시련 속에서도 헤어드레서로 성공하는 자신의 미래를 그리며 목표를 향해 꾸준히 앞으로 나아간다. 무엇이 이처럼 강한 회복탄력성을 만드는 것일까? 이들이 가지고 있는 몇 가지 공통점을 찾아보자.

---

* 다발성 경화증: 뇌, 척수, 시신경으로 구성된 중추신경계에 발생하는 만성 질환으로, 환자의 면역체계가 건강한 세포와 조직을 공격하는 자가면역 질환

감정조절력: 압박과 스트레스에도 평온함을 유지할 수 있는 능력

오전 일찍 가족들과 나들이를 하러 가는 도중 불행히도 접촉사고가 발생했다고 가정해 보자. 운전 중 떨어진 핸드폰을 주우려다가 앞에 멈춰 있던 차를 보지 못하고 뒤에서 충돌한 나의 과실이 100%인 상황이다. 큰 사고는 아니었기에 보험으로 마무리하고 다시 계획된 나들이를 하러 가게 되었다면 그날 오후, 당신의 기분은 어떠할까? 이미 처리된 사건이니 잊기 위해 노력하고 즐겁게 나들이를 즐길 수 있을까? 아니면 몸은 나들이 장소에 있지만, 마음은 사고에서 벗어나지 못하고 계속 자책하며 우울하게 있을까?

스트레스 상황에 압박감을 느끼는 것은 당연하다. 하지만 그 압박감에서 얼마나 빨리 빠져나오느냐는 개인마다 다르며, 이 차이는 감정조절력에서 결정된다. 감정조절력은 자신의 부정적인 감정을 통제하고 필요할 때 긍정적인 감정을 불러일으킬 수 있는 능력으로 회복탄력성이 높은 사람들은 강한 감정조절력을 가지고 있다. 즉 감정에 이끌리는 대로 행동하기보다 힘든 상황에서도 긍정적인 정서를 극대화하고 압박의 순간에도 평온함을 유지하는 정신적인 힘이다. 감정조절력에서 중요한 것은 뇌에 얼마나 긍정적인 정서가 발현되어 있느냐에 따라 나를 힘들게 하는 스트레스 상황을 바라보는 시선도 달라진다는 것이다. 아무것도 할 수 없을 것만 같은 상황에서도 스스로 긍정적인 정서를 불러일으키면 해결 방법을 찾을 수 있게 된다.

영화 〈마션〉 속 와트니의 행동에서도 감정조절력을 찾아볼 수 있다. 와트니는 화성에 혼자 남겨졌을 때 동료의 음악을 듣거나 컴퓨터에 저장되어 있던 시트콤을 보면서 스스로 긍정적인 정서를 불러일으킨다. 또한 절체절명의 마지막 구조 순간에 와트니가 타고 온 소형 무인 비행선과 구조선의 도킹이 예상보다 거리가 멀어 구조가 힘든 상황에서도 "지나가면서 손 흔들게요!"라는 농담을 던지며 압박상황에 짜증보다 유머로 대응하며 탈출 방법을 생각한다. 결국 그는 '자신의 우주복에 구멍 뚫어 날아가기'라는 누구도 예상치 못한 방법을 찾아내고 아이언맨처럼 날아가 구조된다. 그가 탈출에 무사히 성공할 수 있었던 비결은 스스로 긍정적인 정서를 불러일으키는 '유머'를 통해, 불안과 압박상황을 벗어나 문제해결 방안을 찾았기 때문이 아닐까.

원인분석력: 나에게도 그러하듯이 누구에게도 그러하다

미국의 심리학자 앨버트 엘리스는 ABC 모델을 통해 인간의 비합리적인 신념이 어떻게 부적응적인 정서와 행동으로 고착되는지를 설명했다. 우리의 정서는 각자의 신념에 따라 주관적인 해석을 하게 되고 그로 인한 반응이 나온다는 내용이다. 회복탄력성이 높은 사람일수록 합리적인 생각을 바탕으로 객관적으로 상황을 파악하려 하는데 이를 원인분석력이라 부른다.

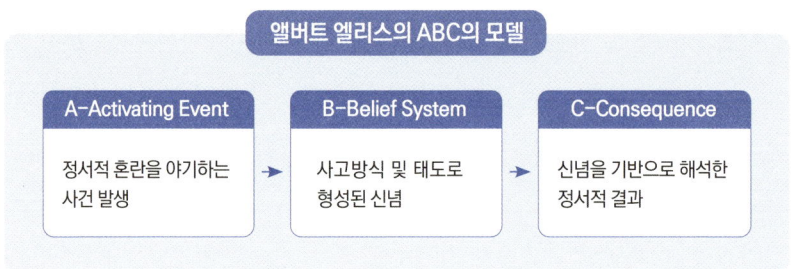

　몇 년 전, 친구가 급작스럽게 맹장 수술을 받게 되면서 1년 넘게 준비한 관공서 면접에 불참하게 되었다. 당연히 우울해할 것이라는 예상과 다르게 "괜찮아, 다른 곳에 넣어 보면 되지. 아직 기회는 많아."라며 오히려 웃음을 보이는 친구의 모습을 보고, '이 친구는 정말 강한 정신력을 가졌구나. 나도 배워야겠다!'라고 생각했던 경험이 있다.

　그가 웃을 수 있었던 이유는 자신의 상황에 대한 정확한 원인분석력을 가지고 있었기 때문이다. 그에게 수술로 인해 면접에 불참하는 사건(Activating Event)이 발생했다. 우연히 발생한 사건을 원망하기보다 어차피 발생한 일, 다른 관공서의 채용을 준비하면 좋은 곳에 합격할 것이라는 강한 믿음(Belief System)으로 상황을 바라보았다. 그렇다 보니 '괜찮아! 잘될 거야!'라는 긍정적인 감정(Consequence)을 가지고 다음 취업 준비를 할 수 있었던 것이다.

　원인분석력은 자신에게 발생한 사건을 누구에게나 일어날 수 있는 일, 이번에만 일어난 일, 이것만 그러한 것으로 생각하며 상황을 객관적으로 보려고 한다. 자신의 감정을 뛰어넘어 상황을 정확하게 원인 분석하며, 해결책을 찾으려고 한다. 이 능력은 자신의 감정을 긍정적으로 통제하고 스트레스 상황에서 빠르게 벗어나기 위한 회복탄력성의 중요한 부분이다. 많은 사람들이 "너 때문에 짜증나", "모든 것이 상황 때문이야!"라며 부정적인 감정의 원인을 외부의 사건과 타인에게 찾지만, 사실 객관적으로 들여다보면 그 감정은 결국 자신의 생각과 믿음으로 만드는 것이다.

출근길에 직장동료에게 반갑게 인사를 건넸지만, 대답 없이 지나가는 모습을 보게 되면 '나를 무시하나?'라는 생각이 들며 불쾌한 감정이 생긴다. 그 사람이 오늘따라 안경을 착용하지 않아서 나를 못 봤을 수도 있지만, 객관적인 사실을 확인하기도 전에 불쾌함을 느꼈다면 나의 감정은 바로 나의 생각으로 만들어지는 것이다.

카티는 사지 마비의 위험이 있는 다발성 경화증이라는 지병을 앓고 있지만, 이 사실로 우울해하지는 않는다. 그녀는 미용실에서 손님의 머리를 만져 주며 이렇게 말한다. "다발성 경화증이라는 병이 있어요. 운이 없으면 죽을 수도 있지만 그래도 어쩌겠나요. 징징댈 수 있나요? 계속해서 다시 일어나야죠. 수없이 다시 태어나는 불사조처럼요. 모든 게 다 생각하기 나름이에요." 그녀의 말이 내 귀엔 이렇게 들린다. "모든 사람이 병에 걸릴 수 있고. 나는 그 병에 걸릴 확률에 우연히 적중한 사람이지만 그게 내 현실이기에 할 수 있는 것을 하면서 잘 살아가 보려고 해요."

대인관계 능력: 함께 살아가는 세상이기에

회복탄력성이 강한 사람의 또 다른 특징은 바로 그들은 대인관계 능력이 뛰어나다는 것이다. 대인관계 능력이 좋다는 것은 단순히 말을 잘하고 주변에 친구가 많다는 것이 아니다. 사회적 감수성이 뛰어나 다른 사람의 감정을 빠르게 알아차리고, 공감을 통해 깊이 이해하고 배려하는 능력을 말한다. 인간은 사회적 동물이다. 역사학적으로 보더라도 인간은 원시시대부터 부족을 이루어 상호 도움을 주며 지내 왔다. 지금도 우리는 가족, 학교, 회사 등의 공동체 안에서 사회적 관계를 맺고 살아가고 있다.

카티는 이동미용실 기자재를 압수당한 후 돈을 벌기 위해 베트남 밀입국자들을 수송하는 일을 돕는다. 하지만 수송 작전에 이상이 생기면서 임시로 밀입국자 열댓 명이 카티의 집에 머무르게 된다. 카티는 처음엔 그들을 경계하지만, 점차 마음을 열고 TV도 함께 보며 웃고, 같이 생활하며 새롭게 경험하는 문화와 사람들을 통해 자신의 시각을 좀 더 넓힌다. 진심으로 그들을 대해 줬던 카티는 마지막에 자신의 집에 머물렀던 베트남 사람들을 따라 난생처음 방문한 베트남 타운과 도시 외곽에 수많은 미용실이 있는 것을 보게 된다. 시내의 미용실만이 전부라고 여겼던 혼자만의 생각이 타인을 만남으로써 한층 더 확장되는 경험을 하게 된 것이다. 결국 마지막에 카티는 베트남 타운의 한 미용실에 헤어드레서로 취직하게 되고 만족스러운 삶을 살아가게 된다.

우리가 소위 사회적으로 성공했다고 말하는 사람들 주변엔 그들을 도와주는 사람들이 많다. 역경과 고난의 순간을 오롯이 혼자서 극복할 수도 있지만, 대인관계가 좋으면 그 안에서 도움의 손길을 받을 수도 있다. 혹자는 그것을 운이라고도 말할 수 있지만, 그 운이라는 것도 결국 나의 행동에서 비롯된 결과인 경우가 많다. 당신의 주변은 어떠한가? 당신이 어려움에 빠져 있을 때 선뜻 나서서 도와줄 사람이 옆에 있는가? 혼자 사는 것이 아닌 사람들과 함께 살아가고 있다는 것을 인지할 때, 우리의 관계는 그 사회 안에서 더 강한 나로 만들어 줄 수 있는 든든한 기반이 되어 줄 것이다.

긍정의 뇌로
만들어라
03

강한 회복탄력성을 만드는 훈련에는 나이의 제한이 없다.
최고의 훈련법을 알아보고 일상에서의 실천 계획을 세워 보자.

변화를 위한 노력에는 나이가 없다

　영화 마션과 헤어드레서 속 주인공들이 가지고 있었던 회복탄력성은 모두 긍정성을 기반으로 하고 있다. 고난의 상황에서 얼마만큼의 긍정성을 불러일으킬 수 있느냐에 따라 감정조절력, 원인분석력, 대인관계 능력의 정도가 달라진다. 즉 긍정성이 회복탄력성의 가장 중요한 핵심 요소가 된다. 하지만 부정적인 부분을 5배 크게 확대해석 하는 뇌는 스트레스 상황에서 긍정성을 끌어내기 어렵게 만든다. 부정적인 생각을 먼저 해온 사람이라면 뇌의 부정적인 사고회로를 자주 사용했기에 '좋게 생각해야지'라는 한마디만으로 긍정적인 뇌로 바뀌지 않는다.

　뇌과학이 발달하며 얻은 큰 성과는 인간의 뇌를 fMRI(기능적 자기공명

영상, Functional magnetic resonance imaging)로 촬영하여 살아 있는 사람의 뇌의 변화를 확인하게 된 것이다. 현재까지 발표된 많은 연구 결과에 따르면, 인간의 뇌는 훈련에 따라 죽기 직전의 순간까지도 발달할 수 있다. 뇌과학에서는 이것을 신경가소성이라고 부른다. 뇌세포와 뇌 부위가 유동적으로 변하는 이 신경가소성 때문에 내가 키우고자 하는 신경회로를 평생 강하게 만들 수 있으며, 사용하지 않는 회로는 다시 약하게 만들 수 있다. 뇌의 능력이 얼마나 대단한가.

사람들은 흔히 '나이가 들면 머리가 따라주질 않아', '배움에도 시기가 있는 거야'라는 말로 자신이 극복하지 못하는 상황에 대해 위로를 한다. 대부분 이렇게 말하는 이유는 졸업하고 사회생활을 하며 학습에 손을 놓았던 긴 세월 동안 그 부분을 담당하고 있는 뇌 신경회로의 연결이 약화되었기에 예전만큼 쉽지 않다고 느끼기 때문이다. 그렇지만 좌절하지 말자. 다시 학창 시절만큼 시간과 노력을 할애한다면 뇌는 활성화하며 학습능력을 발휘하게 될 것이다. 아니 어쩌면 그때 그 시절보다 더 향상된 능력을 보여 줄 수도 있다.

최고의 회복탄력성 훈련, 감사하기

당신은 하루에 몇 번 정도 "감사하다."라는 말을 하는가? 우리는 일상의 환경과 사람을 당연한 것으로 인식하고 처음의 감정을 쉽게 잊어버리곤 한다. 취업 전 '제발 취업만 되면 좋겠다. 정말 감사히 직장에 다닐 텐데…'라는 간절함은 어느새 사라지고 타성에 젖어 살아가거나, 사랑하는 사람을 잃은 후 '항상 옆에 있어 감사한 줄 몰랐어. 있을 때 잘할 걸…'이라는 후회를 하기도 한다. 감사함은 처음의 내가 느꼈던 설렘과 행복함, 그리고 삶의 충족감을 다시 불러일으키는 것이다. 감사함의 효과를 가장 극적으로 만드는 것은 감사일기를 쓰는 것이다. 바쁜 생활 속에 무심히 잊고 지냈던 나의 주변을 돌아보는 시간을 가지고 감사일기를 쓰다 보면 어느샌가 우리의 뇌는 긍정의 사고회로를 다시 강하게 만들며 회복탄력성을 강하게 만든다.

2021년 KBS에서 방영된 〈다큐 ON〉 '감사가 뇌를 바꾼다' 다큐멘터리에서는 초등학생을 대상으로 3개월간 감사하기 실험을 진행하였다. 감사하기를 진행한 전후의 뇌파 검사 결과 뇌 피로도와 부정심리가 낮아지고 자기조절능력과 심신 균형감각이 증가한 것을 확인할 수 있었다. 특히 실험대상이 5학년이라는 어린 나이임에도 불구하고 감사하기 실험을 하는 동안 자신의 행동에 대해 반성하고 주변을 관찰하며 역지사지의 마음으로 타인을 배려하는 모습을 확인할 수 있었다.

감사하기는 좌뇌의 사랑, 공감, 낙관, 열정과 같은 감정을 느낄 때 활성화되는 전전두엽 피질을 활성화하며 긍정성을 강화한다. 무엇보다 반복적으로 감사일기를 작성하게 되면, 긍정의 사고회로가 강하게 연결·생성되고 긍정적인 생각을 하기 위한 노력을 수반하지 않아도 자연스럽게 좋은 것을 먼저 찾는 뇌로 재탄생되는 것이다. 감사일기는 강력한 회복탄력성 강화 훈련법으로서 효과적인 작성 방법은 다음과 같다.

첫째, 감사의 내용을 최대한 구체적으로 작성한다. 단순히 '오늘 하루가 감사하다'라는 말보다 '오늘 날씨가 좋아 신선한 공기를 마실 수 있어서 감사하다'와 같이 감사함의 대상과 이유를 구체적으로 적는 것이다.

둘째, 잠들기 전에 쓰자. 자기 직전에 우리가 느낀 감정은 수면 시간 동안 뇌에 새겨진다. 이것을 고착화 현상이라고 말하는데 감사한 것을 찾고 잠들게 되면 우리의 뇌는 감사한 것을 찾는 뇌의 회로를 발달시키며, 이는 일상생활에서도 무의식적으로 감사한 것을 찾게 한다.

마지막으로, 감사일기를 매일 쓰자. 아무리 좋은 보약도 꾸준히 먹지 않으면 효과를 낼 수 없는 것처럼 최소 하나라도 반복적으로 쓰고 자는 습관을 지닐 때 우리 뇌의 긍정 신경회로가 발달하게 될 것이다.

내가 잘할 수 있는 것에 초점 맞추기

회복탄력성을 높이는 두 번째 방법은 내가 잘하는 것과 할 수 있는 것에 초점을 맞추는 것이다. 때로는 상황이 내 생각이나 의도와는 다르게 흘러갈 때가 있다. 언뜻 해결하기 어려워 보이는 상황이지만, 평소에 자신의 강점을 잘 인지하고 있다면 이러한 어려움 속에서 벗어나는 데 도움이 된다.

강점은 유전적으로 남들보다 더 적은 연습 횟수로 더 많은 기술을 터득할 수 있는 재능일 수도 있고, 흥미로 시작하여 관심을 두고 여러 번 자주 반복하다 보니 체득하게 된 능력일 수도 있다. 이는 기술적인 능력이 될 수도 있고 성격적인 능력이 될 수도 있다. 학창 시절 친구들에게 나의 강점에 대해 말하고 장래 희망에 관해 이야기하던 순간이 기억나는가? 대부분 어렸을 적엔 당당하게 말했던 강점에 대한 확신은 나이가 들며 점차 사라지고, 혹여 칭찬이라도 받으면 손사래를 치며 "아니에요."를 반복하고 쑥스러워하며 그 자리를 벗어나려고 한다. 하지만 우리는 어른이 될수록 내가 어떤 사람인지, 내가 무엇을 잘하는지 자신에 대해 생각해야 하며 나의 강점과 나의 모습을 나부터 인정해야 한다.

조직개발 전문업체 QBQ, Inc.의 설립자 존 G. 밀러(John Miller G)는 QBQ(Question Behind Question)를 스스로 던지라고 한다. QBQ는 직역하면 '질문 뒤의 질문'으로 변화와 압박의 상황에서 "왜 이런 일이 생기는 거야!?", "누가 그런 거지?"라는 질문보다 "내가 무엇을 할 수 있지?"를 스스로 묻는 자문법이다. '왜', '누가'라는 질문의 시작 대신 '나'와 '무엇'으로 질문의 중심을 옮기는 것으로 이는 우리가 스트레스의 상황에서 조금 더 생산적인 행동을 선택하게 하며 객관적으로 상황분석을 할 수 있게 도와준다.

모든 것이 완벽한 사람은 없다. 하지만 분명한 것은 모두 나만의 강점을 가지고 있다는 것이다. 아무것도 할 수 없는 것 같은 상황에서도 '나의 강점으로 무엇을 할 수 있을까?'를 생각하는 것은 문제 해결의 길을 만들어 줄 것이다. 더욱이 자신에 대한 이해를 바탕으로 나의 강점을 활용하는 것은 삶의 행복을 높이는 데 있어 중요하다. 긍정심리학의 창시자 셀리그만(Seligman)이 진행한 강점과 관련된 많은 연구는 강점 활용이 자존감과 높은 상관성을 가지고 있으며 스트레스에 대한 태도에도 영향력을 미친다는 것을 입증했다. 즉, 강점을 알고 활용하는 습관을 지니게 되면 자연스럽게 회복탄력성도 높아지게 된다.

　나의 성격 강점이 무엇인지 검사를 통해 확인해 보고 싶다면 VIA 캐릭터 연구소(https://www.viacharacter.org/)에서 무료로 성격 강점검사를 진행할 수 있다. 나의 강점을 확인하고 어떻게 나의 삶 속에서 활용하고 살아갈지, 변화의 상황에서 스스로 어떤 질문을 던질지 생각해 보자. 나를 알고 변화와 스트레스를 마주하게 된다면 우리 앞의 상황은 이전과는 다른, 조금 더 견딜 만한, 나아갈 만한 상황일 것이다.

스트레스에
강해지고 싶은 당신에게
04

내 앞에 놓여 있는 수많은 변화의 물결 속,
스트레스를 적게 받고 살아가는 방법

당신의 바다에도 파도는 친다

카티와 와트니의 회복탄력성을 보며 당신은 영화 속의 일이니까 가능한 것이 아닐까 하는 생각을 할 수도 있다. 하지만 우리 주변을 잘 살펴보면 화성은 아닐지라도 자신의 삶 속에서 끊임없이 일어나고 나아가는 사람들이 분명히 존재한다. 국민 MC라고 불리는 유재석은 무명시절 자신의 생계를 걱정하며 "내일 뭐 하지?", "무대 울렁증인 내가 어떻게 연예인을 할까?"라는 생각으로 20대를 보냈다고 한다. 아무도 방송에 불러 주지 않았지만, 그 시간을 꿋꿋하게 긍정적인 마음으로 견뎠다. "나는 무엇을 할 수 있을까?"를 생각하며 자신을 방송관계자들에게 어필했고 결국 그는 지금의 자리에 서 있게 되었다.

누구나 힘든 시간은 있다. 인생은 망망대해를 항해하는 배와 같다고 했다. 거센 태풍을 만날 때도 있고, 잔잔한 바다 위에서 휴식을 취할 때도 있고, 때로는 역풍으로 내가 의도하지 않은 방향으로 나아가는 순간도 있을 것이며 순풍을 맞아 조금 더 수월하게 목적지에 갈 수도 있다. 인생도 그렇다. 변화와 스트레스가 없는 인생이란 없다. 그 변화와 스트레스 순간에 어떻게 대응하느냐는 내 인생의 키를 어떻게 잡고 나아가느냐이고, 이는 드넓은 바다로 계속해서 멋진 항해를 할 것인지를 결정하게 한다.

대한민국에서 먼 미래의 이야기일 것만 같았던 재택근무는 2020년대 코로나 19라는 범세계적인 영향으로 갑작스럽게 우리의 삶 속에 들어왔다. 당신에겐 어떤 변화가 일어났는가? 그 변화 속에서 어떤 반응을 보이고, 어떻게 살아가고 있는가? 다가올 미래에도 예측조차 할 수 없는 수많은 변화가 기다리고 있을 것이다. 앞서 이야기했듯이 인간의 뇌는 이러한 변화에 적응하도록 진화했다. 신체가 노화되는 것과는 별개로 뇌는 사용하면 할수록 강해지며 사용하지 않은 부분도 반복적인 훈련을 통해 발전시킬 수 있다는 것을 잊지 말자.

감사하기와 강점을 찾는 것을 뇌의 습관으로 만들면 회복탄력성이 강화되는 것은 우리 뇌의 자연스러운 현상이다. 반대로 발달시키지 않으면 스트레스에 약해지는 것도 자연스러운 현상이다. 삶이라는 거대한 바다 위에 우직하게 노를 저어가는 당신에게 주어진 두 가지 선택권, 당신은 어떤 선택을 하겠는가?

당신의 과거, 현재, 미래는 일직선 위에 놓여 있다

변화와 스트레스에 잘 대처하게 해 주는 회복탄력성, 이 정신적인 능력은 한 번의 노력으로 생기는 것이 아니다. 중요한 것은 꾸준한 연습이다. 스스로 자기 생각과 감정의 변화를 들여다보고 하나씩 의식적으로 바꿔 생각해 보는 것이다. 우리의 뇌를 바꾸기 위해 노력하는 과정에서 '왜 나에게만', '왜 매번 이런 일이', '난 정말 불행해' 등의 생각이 당신의 머릿속에 스쳐 지나갈 수 있다. 하지만 중요한 것은 이 생각이 지나간 뒤 나의 대응 태도다. '아, 내가 이런 생각이 아직 드는구나! 다른 방식으로 생각해 봐야지. 누구에게나 일어날 수 있는 일이야.'라고 의식하고 생각을 전환하기 위해 노력한다면 당신의 회복탄력성은 조금씩 성장하게 될 것이다.

당신의 미래가 궁금한가? 회사에서 승진은 잘할지, 결혼 생활은 행복할지, 인간관계에서 좋은 결과를 맺을 수 있을지 궁금한가? 많은 사람은 자신의 미래를 궁금해하며 사주팔자와 타로에 자신의 미래를 물어보기도 하고 자신의 별자리 운세를 찾아보기도 한다. 하지만 우리가 놓친 것이 하나 있다. 과거의 내가 그렇게 궁금해하던 미래를 만든 것은 바로 과거의 당신이라는 것이다. 다시 말하면, 지금의 나의 모습은 과거의 내 생각과 말, 행동이 쌓이며 만들어진 모습이며 미래의 당신 또한 역시 지금의 당신이 만들어 간다는 것이다. 지금 내가 바뀌지 않으면 달라지는 것은 없다. 스트레스를 덜 받길 바라면서 똑같이 생각하고 행동하면 미래의 나는 지금과 다를 것이 없을 것이다. 달라진 미래의 나를 만나기 위해 변화를 시작해 보자.

내가 스스로 만드는 내면의 변화는 외부 변화에 맞서 나가는 힘이 될 것이다. 조금 더디더라도 조급하지 않아도 된다. 한 단계씩, 하나씩 내가 할 수 있는 것을 찾으며 변화와 스트레스에 맞서 나아가 보자. 마션 속 와트니는 화성에서 구조된 후 우주비행사를 꿈꾸는 학생들 앞에서 자신이 화성에서 버틸 수 있었던 비결을 이야기한다. 이 말은 우리가 변화와 스트레스 속에서 나아가게 하는 생각의 방향을 제시해 줄 것이다.

"화성에 혼자 남겨졌을 때 죽을 거라고 생각했냐. 당연히 그랬다.
 뜻대로 되는 게 없는 우주에서 모든 게 틀어지고 끝이구나 하는 순간이 온다. 포기하고 죽을 게 아니면 살려고 노력하는 거다. 무작정 시작하는 거다. 하나의 문제를 해결하고, 다음 문제를 해결하고, 그다음 문제도… 그럼 돌아오게 된다."

강민정 | SK TNS HRD 교육 총괄

일의 의미 찾기: 〈소울〉

8챕터

내가 일을 하는 이유가 뭘까? 현재 하고 있는 일에 만족하고 있는지 질문하고 답을 찾는 과정은 누구에게나 꼭 필요하다. 일은 단순한 생계 수단이 아니라 개인의 행복 추구와 가치 실현을 위한 의미 있는 활동이다. 이를 통해 사람들은 자기 존재를 확인하고 만족감을 얻으며 차츰 성장하게 된다.

인생의 의미는
자기 자신이 정하는 것이다
01

사소한 일상 속 특별한 의미를 재발견하고
인생을 마주하는 태도를 점검해 보는 시간

반복되는 일상의 의미 찾기

"소중한 시간을 진짜 자신을 끌어내는 데 쓰세요. 이 세상에 특별한 의미를 남길 열정적이고 빛나는 당신을 준비하세요. 당신 인생이 곧 시작합니다." 이 멘트를 듣고 당신의 가슴이 찡하고 와닿았다면 영화 〈소울〉을 통해 나의 일상을 돌아볼 필요가 있다. 재즈클럽 무대에서 연주하고 싶은 꿈을 간직하며 음악선생님으로 살아가던 조는 갑작스런 사고로 '태어나기 전 세상'으로 떨어지게 되고 그곳에서 유일하게 지구에 가고 싶어 하지 않는 '영혼 22'를 만나 그의 멘토가 된다. 지구로 돌아가고 싶어 하는 조를 위해 영혼 22는 지구로 돌려보내려고 노력하지만, 너무 서두르는 바람에 조는 치료하는 고양이 마텐으로 영혼 22는 조로 뒤바뀐 채 환생한다. 그렇게 지구에 떨어진 영혼 22는 바람에 떨어지는 나뭇잎, 맛있는 피자 한 조각과 같은 사소한 일상을 통해 삶의 찬란함을 느끼게 된다. 우리에게도 이런 '피자 한 조각'처럼 특별하지 않지만, 소중한 것들이 각자의 삶 속에 존재한다.

당신의 일상은 어떤가요?

"우리는 뭔가를 하기 때문에 의미 있는 게 아니라 존재 그 자체로 의미가 있다."

심리학자 '웨인 다이어'의 말이다.

바쁘게 돌아가는 현대 사회에서 무언가 하지 않으면 뒤처지고 있다는 불안감 때문에 나라는 존재 자체를 소중하게 생각할 여유가 없는 게 현실이다. 대학에 가면 좋은 직장에 취업하기 위해 자격증을 따야 하고 힘들게 직장인이 되는 순간부터 승진을 위해 성과를 올려야 한다. 어렵게 좋은 짝을 만나 결혼을 하고 안정된 가정을 꾸리기 위해서는 저축을 해야 하는 각박한 세상에서 살고 있다. 마치 전쟁을 대비하는 것처럼 항상 바쁘게 준비하느라 현재의 것들에 감사하고 돌아볼 여유는커녕 지금 순간을 즐기는 것조차 사치라는 생각을 한 번쯤 다 해 봤을 것이다.

미래의 성공을 위해 지금 순간의 즐거움이나 의미 있는 일을 찾기보다는 나에게 없는 것만을 좇으면서 혹독하게 자신을 몰아세운다. 내가 갖고 있는 것을 소중하게 생각하기보다는 다른 사람의 좋은 직장, 넓은 집, 비싼 자동차처럼 좋아 보이는 것에 마음을 두게 된다.

이런 세상을 살아가면서 '내가 마지막으로 햇살을 즐겼던 적은 언제였는지? 온전한 휴식에서 행복감을 느낀 적이 있는지? 내가 스스로 하루하루를 어떻게 느끼고 있는지?'에 대한 물음에 망설임 없이 대답할 수 있다면 지금 당신은 의미 있는 시간을 보내고 있는 것이다.

심리학자 아들러는 "인생의 의미는 무엇입니까?"라는 어떤 사람의 질문에 "일반적으로 주어진 '인생의 의미'는 없다. '인생의 의미'는 당신 스스로가 자기 자신에게 부여하는 것이다."라는 메시지를 남겼다. 아들러의 말처럼 내 인생의 의미는 내가 정해야 한다. 누군가가 당신에게 뭘 하라거나 뭘 하지 말라는 말에 동기를 부여받거나 인생의 방향이 바뀌고 있다면 지금부터 내 인생의 의미를 다시 정해 볼 때이다. 자신보다 다른 사람의 말에 귀를 기울이고 눈치를 살피며 살고 있지는 않은가? 다른 사람들의 의견은 그냥 참고만 하자. 그들이 내 삶의 방향을 정해 주진 않는다.

영화 〈소울〉의 "나는 내 삶의 모든 시간을 살아갈 거야. (I'm going to live every minute of it.)"이라는 대사를 내 삶에서 실천해 보면 어떨까?

나를 움직이는 것은 무엇인가요?

젊은 물고기가 나이 든 물고기에게 물었어.

"바다를 찾고 있어요."

나이 든 물고기가 말했어.
"여기가 바로 그 바다야."

젊은 물고기가 말했지.
"여기요? 여긴 그냥 물인데, 내가 원하는 건 바다라고요!"
-영화 〈소울(soul)〉 대사

당신을 움직이는 에너지는 어디에 있는가? 시선이 항상 밖을 향해 있고 외부에서 동기부여를 받고 있진 않은지 생각해 보자. 내 안에 갖고 있는 것들에 집중하고 들여다볼 수 있는 사람은 진정으로 원하는 것을 찾고 선택할 수 있는 힘을 갖고 있다. 스스로를 좁은 프레임 안에 가두고 다른 세상을 갈망하지 않고 살아갈 수 있다. 바다 안에서 바다를 찾아 헤매는 어린 물고기가 어쩌면 나의 모습은 아닐까 하는 생각이 들 때도 있겠지만 우리 모두는 자신의 운명을 선택하고 통제할 수 있는 힘을 가지고 있다. 변화하는 것을 두려워하지 말고 다가오지 않은 일을 걱정하지 않으려면 그 시간을 써서 나에게 온전히 집중해 보는 경험이 필요하다. 하고 있는 일이 잘 안 풀리더라도 당신은 실패한 것이 아니라 모든 일의 결과를 만들어 가고 있는 중이라는 믿음으로 도전하자. 나를 움직이는 힘이 외부가 아닌 내 안에 있다는 믿음으로 찾는 연습을 하다 보면 인생을 대하는 태도가 달라질 것이다.

하고 싶은 일을
하고 있나요?
02

진정 원하는 일을 찾기 위해서 노력하고 있는가에 대한
질문의 답을 찾아가는 시간

    열심히 달리다 뒤를 돌아봤을 때 아무도 없다면 얼마나 허탈할까. 나는 30대부터 이런 감정들로 혼란스러움을 겪었다. 회사 다니면서 잠 잘 시간을 아껴서 대학원 졸업 논문을 쓰고 사이버 대학으로 심리학 공부를 시작했다. 배움에 대한 열망인지 현실에 대한 불안감 때문인지 가만히 있으면 초조해서 견딜 수가 없었다. 이런 나의 불안감은 어디서부터 오게 된 걸까, 주위에서 부러워하는 회사를 다니고 여유로운 생활을 하면서도 왜 나는 끊임없이 흔들리고 있는 걸까?

    이런 고민을 하던 중 아들러 개인심리학 수업을 통해 불안한 마음의 원인을 알게 됐다. "그래도 우리들이 그렇게 하는 것은 다만 인생이란 카오스 속에서 방향을 정하기 위해서이고 계산을 시작할 수 있기 때문이다."

라는 아들러의 말처럼 인생은 카오스 그 자체인데, 본인이 방향을 정하지 않고 무작정 가게 되면 정처 없이 떠돌 수밖에 없다는 것이다. 우리는 애써 가려고 하는 길이 지나온 길보다 더 중요하다는 것을 잘 알고 있다. 하지만 가야 할 길의 방향을 정하는 일은 어렵게 느껴진다.

내 삶의 방향을 정하기 위해서는 우선 본인의 내면에 집중하고 그 안을 들여다봐야 한다. 이 과정에서 우리는 내 마음속 깊은 내면의 열등감과 직면하게 된다. 여기서 느껴지는 열등감은 심리 상담을 받아 본 사람은 느껴 봤을 상담 회차가 더해 갈수록 느껴지는 불편함과 같은 맥락이다. 내 안으로 들어가는 일은 용기가 없다면 시도조차 못하는 어려운 일임이 분명하다. 하지만 덮어 두고 있으면 평생 진실을 알지 못하는 것처럼 굳게 닫힌 마음의 상자를 직접 열어서 꺼내야 한다. 주변을 살펴보면 대부분의 사람들은 각자 자신만의 열등감을 안고 살아간다. 이러한 감정은 불안으로 나타나기도 한다. 나는 일을 시작하거나 새로운 사람을 만날 때 유독 불안감을 많이 느끼는 편이다. 겉으로는 들키지 않으려고 완벽하게 준비하고 속마음은 숨기려고 노력한다. 이런 모습은 일이나 연애 관계에서도 마찬가지로 나타난다. 열등감을 숨기려 꾸며진 모습을 보여 주고 애를 쓰며 살아간다.

아들러는 '열등감 콤플렉스는 주어진 문제를 사회에 유용한 방식으로 해결하기에 충분히 강하지 않은 사람이 갖는 특성'이라고 정의했다. 우리가 느끼는 열등감을 이겨 내기 위해서는 다른 방식으로 시도할 수 있는 용기를 내야 한다. 결혼적령기의 주변 지인 중에 배우자를 고를 때 무조건

나보다 좋은 환경의 사람만 찾는 후배가 있다. 그 후배가 그렇게 배우자의 환경적인 조건에 집착하는 이유는 본인이 갖지 못한 부분을 상대방을 통해 채우려는 마음 때문일 수도 있다. 본인의 열등감을 들여다보는 작업을 하지 못하면 잘못된 방식으로 인생의 중요한 선택을 하게 된다. 자기완성을 이루기 위해서는 자신의 부족한 점을 인정하고 극복하려는 의지가 반드시 필요하다. 인생을 카오스라고 한다면 이 안에서 살아남기 위한 방법은 나의 열등감을 깨닫고 진정 원하는 것이 무엇인지 찾으려는 건강한 시도를 해 보는 것이다.

이런 과정에 대해서 생각하다 보니 얼마 전 밤늦게 본 영화 한 편이 갑자기 떠올랐다. 계속 시도하는 그 과정에서 진실을 알게 되고 결국엔 삶의 가치를 찾게 된다는 메시지가 담긴 〈엄청나게 시끄럽고 참을 수 없이 가까운〉이라는 제목의 영화이다.

배경은 뉴욕. 반짝이는 호기심으로 자신만의 방법으로 세상을 알아 가던 소년 오스카는 '9.11테러'로 아버지를 잃게 된다. 소년의 세상은 완성되기도 전에 뒤죽박죽 헝클어져 버렸다. 조숙하면서도 엉뚱한 소년 오스카는 자신의 상황을, 슬픔을, 상처를, 분노를, 의문을 어떻게 받아들이고 해결해야 할지 갈피를 잡을 수 없게 돼 버린다. 세상의 중심을 지켜 주던 아버지가 시체조차 남기지 않고 사라져 버렸다.

"우주의 모든 것과 믿을 수 없을 만큼 가까운 동시에 엄청나게 혼자인 듯한 기분을 느꼈다. 난생 처음으로, 살기 위해 요구되는 그 많은 일을 다

해야 할 만큼 삶이 가치 있는 것일까 하는 의문이 들었다. 정확히 무엇 때문에 삶이 그만한 가치를 갖는다는 걸까? 영원히 죽은 상태, 아무것도 느끼지 못하고, 꿈조차 꾸지 않는 그런 상태가 뭐 그리 끔찍하다는 걸까? 느끼고 꿈꾸는 것이 뭐 그리 대단할까?" 주인공의 심리적인 상태를 잘 나타내 주는 대사이다. 이 영화에서는 무언가를 엄청나게 원하게 되면 믿을 수 없을 만큼 가깝게 진실을 마주하게 되고 이는 엄청나게 큰 소음으로 다가올 수 있다는 메시지를 준다.

아버지가 남긴 열쇠는 '블랙'이란 이름이 쓰인 작은 봉투 안에서 발견된다. 오스카에게 남겨진 단서는 그것뿐이다. 아버지의 죽음에 대한 진실을 알아 내기 위해 오스카는 뉴욕에 살고 있는 모든 '블랙'들을 찾아 나선다. 그러자 사람들은 자신의 인생 얘기를 들려 주며 그를 따뜻하게 위로해 준다. 오스카는 그들 역시 자신처럼 나름의 사랑, 상처, 모순, 기쁨, 슬픔, 우주를 품은 채로 살아가고 있다는 것을 알게 된다. 열쇠의 비밀을 찾는 과정에서 자신만의 틀에 갇혀 있던 어린 소년은 '세상은 여전히 엄청나게 시끄럽지만 이 안에서 진실을 찾기 위한 과정에서 만나게 된 사람들과 서로 소통하며 사람들은 참을 수 없이 가까워졌다'는 것을 느끼며 두려웠던 세상에 한걸음 내딛게 된다.

영화를 보면서 주인공처럼 '내가 무언가를 간절하게 원하고 찾기 위해 노력했던 적이 있었나' 하는 생각이 스치듯이 들었다. 진정 내 자신에게 한 번도 물어본 적 없는 질문이었다. 내가 어떤 일을 원해서 밤낮으로 몰입하며 했던 기억보다는 남들에게 좋아 보이는 것을 보여 주려고 애쓴 시간들이 스쳐 지나갔다. "중요한 것은 무엇이 주어졌는지가 아니라 주어진 것을 어떻게 사용하는가이다."라는 아들러의 말처럼 내 안의 좋은 것을 끄집어내서 사용해 보자. 그리고 생각하자. 나에게 찾고 싶은 '블랙'은 무엇이었을까?

일의 의미를
재정의하라
03

나의 능력을 인정하고
잘할 수 있는 일을 찾아 발견하는 시간

질문하고 답하기

사람은 누구나 자신이 의미를 부여한 세상에서 살아간다. 끊임없이 세계를 창조하고 우리가 하는 일은 어떻게든 우리 삶 전체와 연결된다.

「그리스인 조르바」에서 주인공 조르바는 우리에게 이런 질문을 던진다.

"먹은 음식으로 뭘 하는가를 가르쳐 주면, 당신이 어떤 사람인지 나는 말해 줄 수 있어요."

혹자는 먹은 음식으로 비계와 똥을 만들고 어떤 사람은 에너지를 일과 좋은 유머에 쓰는 것처럼 우리가 먹는 음식이 정신으로 변하는 화학작용을 거쳐 각자 다른 행동을 하게 된다. 그만큼 먹는 음식이 그 사람에게 많은 영향을 끼친다는 뜻이다. 요즘처럼 물질적인 부분이 더 중요한 시대에는 "네가 가진 걸 말해 주면, 네가 어떤 사람인지 말해 줄게."라는 말이 어울리는지도 모르겠다.

이렇게 먹는 음식과 소유한 물질들이 그 사람을 지배하는 것처럼, 당신이 퇴근 후에 하는 일과 주말에 하는 활동들도 당신을 표현하는 데 중요하게 작용할 수 있다. 우리 인생에서 하는 '일'을 빼놓고는 그 사람을 설명하기 힘들기 때문이다. 일이란 '무엇을 이루거나 적절한 대가를 받기 위하여 어떤 장소에서 일정한 시간 동안 몸을 움직이거나 머리를 쓰는 활동', '사람이 행한 어떤 행동'이라는 사전적 정의를 갖고 있다. '당신은 지금 어떤 일을 하고 있는가'라는 질문을 받고 답해야 한다면 어떻게 말할 수 있을까?

오스카 와일드는 「도리언 그레이의 초상」에서 헨리경의 입을 통해 '인생의 목적은 자기 계발'이고 그것이야말로 '우리가 살아가는 이유'라고 말한다. 여기서 오스카 와일드가 말하는 자기 계발은 우리가 알고 있는 스펙 쌓기를 통한 경쟁력 강화를 뜻하는 자기 계발과는 의미가 다르다. 그가 우리에게 말한 자기 계발은 '자신의 본성을 완벽하게 깨닫는 것'이다. 다시 말해 자신의 잠재력을 알아차리는 것이라고 할 수 있다. '내가 이런 일을 할 수 있구나'라고 깨닫게 되면 다른 존재가 될 수 있다는 가능성을 찾을 수 있다.

그렇다면 자신의 잠재력을 알아차리기 위해서 가장 먼저 뭘 해야 할까?

우선 본인 스스로 질문해야 한다. 하고 있는 일이 만족스럽지 않고 회사에 가기 위해 아침에 일어날 때마다 힘들고 고통스럽다면 끊임없이 묻고 답해야 한다. '아프다, 불안하다'라고만 말할 것이 아니라 왜 아픈지, 어떤게 불안한지를 계속 질문하다 보면 스스로 답을 찾을 수 있게 된다. 그럼 질문에 답하기 위해서는 어떤 준비가 필요할까?

자신의 능력을 인정하기

능력은 타고난 자질이나 고난도의 기술이 아니라 자신의 마음을 사로잡는 것을 잊지 않고 계속 도전하는 데서 나온다. 자신을 중시하라면서도 계속 비교 경쟁하게 만드는 위험한 세상에서 자존감을 잃지 않고 살기 위해서는 자신의 능력, 고유한 특성들을 가볍게 여기지 않아야 한다. 물론 거창하지 않아도 괜찮다. 나는 힘든 일은 쉽게 포기해 버리는 성격이지만 20대부터 꾸준히 주 3회 이상 운동을 해 오고 있다. 다양한 운동 중에서도 특히 요가의 매력에 푹 빠져 새로운 동작이 될 때까지 계속 연습한다. 물론 처음부터 쉽게 되는 동작은 없다. 넘어지기도 하고 포기하고 싶을 때도 있지만 꾸준히 요가 하는 내 모습을 통해 몸과 마음을 수련하고 있다는 뿌듯함을 느낀다. '내가 힘든 일을 쉽게 포기하는 사람이 아니라, 좋아하는 걸 끝까지 해내려고 하는 능력이 있구나'라고 생각하니 다른 일도 새롭게 도전하고 싶은 마음이 들었다. 이런 일상 경험을 통해 내가 더 나아지고 있다는 스스로에 대한 믿음도 생겼다. 우리가 하는 일에서도 마찬가지다. 직장 생활을 하다 보면 신입이든, 경력이든 본인의 부족함과 한계를 느끼고 자포자기하는 심정과 무력감을 느끼는 일이 생긴다. 마음속에서 '나는 왜 이럴까. 남들은 다 잘하는데'라는 생각이 들 수밖에 없다. 이럴 때, 자신이 갖고 있는 능력을 찾아보고 꺼내서 펼쳐봐야 한다. 누구나 할 수 있을 거라고 생각되는 사소한 것들이라도 괜찮다. 중요한 것은 스스로의 능력을 인정해 주고 자신에게 용기를 줘야 일에 대한 무력감에서 벗어날 수 있다는 것이다. 같은 일을 오래하면 익숙해지고 손에 익으면 잘하게 되는 건 당연한 결과다. 못한다고 생각하지 말고 익숙하지 않은 부분을 어떻게 적응할지에 대한 고민을 하면 된다. 스스로 작아질 필요 없다. 본인의 능력을 인정하고 칭찬해 주자.

"우리 영혼 속에는 지상에 존재하는 것들을 압도하는 무언가가 있다. 대부분의 경우, 그것은 마음 깊은 곳에 잠들어 있다. 그러나 기억의 저편으로 사라진 것들이 다시금 떠올라 마음이 어지러워지면, 그것은 긴 잠에서 깨어나 마음속에 떠돌던 수많은 풍경을 한데 모은 뒤 우리 삶의 일부로 만든다." 시인 로르카도 「인상과 풍경」에서 사람과 추억과 풍경에 대해 말한 것처럼 우리 안에도 지금 잠들어 있는 것들이 있다. 그걸 깨우고 내 삶으로 만들기 위해서는 끊임없이 질문하고 답하는 과정을 거치면서 나만의 능력을 찾으려는 노력과 시간이 필요하다.

삶의 목적을 찾아
헤매는 사람들에게
04

당신이 의미 있게 살아가기 위한 힘은
어디서 나오는지를 깨닫고 실천해 보는 시간

지금, 여기

「의미의 힘」의 저자 에밀리 스미스는 테드 강연을 통해 "행복을 좇는 사람들은 결국 불행해진다."라는 메시지를 전달한다. 많은 이들이 절망에 빠지는 원인은 행복하지 않아서가 아니라 삶의 의미가 부족하기 때문이라는 것이다. 행복해지기 위해서 열심히 살아왔는데 이제 그 행복보다 중요한 게 삶의 의미라는 말이다. 삶의 의미를 깨닫고 찾는다면 어떤 변화가 생길까?

유대인이라는 이유로 나치에 의해 아우슈비츠 수용소에 강제 이송됐던 3년 동안의 경험을 책으로 쓴 「죽음의 수용소에서」의 저자 정신과 의사 빅터 프랭클은 '인간에게 가장 중요한 것은 돈이나 권력, 쾌락의 추구가 아니라 내가 존재해야 하는 이유가 있느냐 없느냐 하는 것'이라고 말한다. 삶의 의미가 있다고 느끼는 사람은 극한 상황에서도 인간의 존엄성과 삶의 희망을 잃지 않고 살 수 있다는 것이다. 이 책을 처음 읽었을 때 받았던 충격이 아직도 생생하다. 지금도 힘든 일이 있거나 '사는 게 지옥'이라는 생각이 들 때면 이 책을 펼쳐 든다. 같은 상황에서 다른 삶을 살아 내게 만드는 건 스스로 나의 삶에 부여하는 의미라는 걸 다시 되새긴다. 지금 부족할 게 없는 환경에서 살아가면서 왠지 우울하거나 괜한 공허함을 느낀다면 스스로 삶의 이유나 목적, 의미를 찾지 못한 상태가 아닐까 생각해 볼 때이다.

사소하지만 소중한 일상

몇 년 전부터 알고 지내는 부모님 또래의 한 지인분과 커피를 마시다가 이런저런 고민을 털어놓은 적이 있다. 치열하게 살아온 거 같은데 뒤돌아보니 이뤄 놓은 것이 없고, 평범한 삶도 아닌 것 같아 불안하다는 나의 말을 조용히 들어 주던 그분은 내 눈을 따뜻하게 바라보며 말했다. "내가 민정 씨보다 20년 정도 더 살아 보니까, 알겠더라고. '내가 있는 곳이 제일 좋은 곳이고 내가 하는 일이 최고 멋진 일이다'라는 생각이 얼마나 중요한지. 그런 태도로 감사하면서 인생을 살면 정말 어느 순간 그렇게 돼 있더라고." 위로를 바라고 털어놓은 건 아니었지만 그냥 이 한마디가 나에겐 '잘하고 있다'와 같은 응원하는 말처럼 들렸다. 힘들 때 털어놓은 속마음에 '이래라, 저래라' 하는 잔소리 대신 이렇게 어깨를 토닥여 주는 말들이 위로가 될 때가 많다. 주위를 둘러보면 일상적이고 사소하지만 가슴을 툭

치는 순간들이 있다. 요즘은 아침에 출근 잘하라고 인사해 주시는 경비아저씨의 인사가 하루를 시작하는 나의 어깨를 감싸고 가슴을 찡하게 한다.

살아가는 이유, 의미를 찾기 위해서는 지금 현재 나의 삶을 있는 그대로 보고 사랑해야 한다. 내가 속한 세상, 주위 사람들, 하고 있는 일에 대한 소중함을 느껴야 의미를 부여할 수 있을 테니까.

이 글 처음에 소개한 영화 '소울'을 기억하는가? 태어나기 전 세상의 유급생으로 지내다가 지구에 떨어진 영혼 22를 행복하게 해 준 건 쉽게 먹을 수 있는 피자 한 조각이었다. 항상 모든 일을 지루해하며 의욕 없는 태도로 지내던 영혼 22도 일상의 소중함 속에 인생의 의미가 숨어 있다는 것을 알게 된 것이다.

우리에겐 삶의 의미를 찾을 수 있는 기회가 많다. 일단 나가서 걸어 보자. 부정적인 생각이 든다고 움츠러서 행동을 멈추지 말고 밖으로 나가 계속 움직여 보면 에너지가 생긴다. 새로운 것을 보고 먹고 사람을 만나다 보면 어느새 밝아지는 느낌이 든다. 우리가 유명한 예술 작품을 감상하며 느끼는 감탄과 초월성을 지나가는 들꽃 한 송이에, 하늘 위 구름에, 찬란하게 비치는 햇살과 살랑이는 바람에도 느낄 수 있다면 이미 당신은 삶의 의미를 찾아 떠날 준비가 끝난 것이다. 일상에서 일어나는 작은 움직임에 반응하고 생각하다 보면 내가 하는 행동도 변하게 된다. 그런 움직임을 통해 당신의 세상이 변하는 것이다.

가만히 생각해 보면 단지 공수가 많이 들어서 힘든 일은 의외로 드물다. 내게 주어진 상황과 일이 너무 버거울 때 이걸 감당할 만큼 내게 '의미'가 있는 것인지, 내가 진정으로 '원하는 것인지'를 아는 사람은 견딜 수 있는 힘이 생긴다. 반대로 힘들기만 하고 무가치한 일이라고 생각될 때 우리는 좌절하게 된다. 처음 강사 일을 시작하고 10년 넘게 강의를 하면서 힘들다고 생각한 적은 단 한 번도 없다. 체력적으로 지치고, 부담스럽게 느껴질 때도 있었지만 내가 좋아하고 잘하는 일이라는 걸 누구보다 잘 알고 있었기 때문에 가치있는 일을 하고 있다는 생각이 나를 계속 나아가게 만들었다. 행복을 좇지 않고 삶의 의미를 찾아 당차게 나아갈 때 삶의 만족감은 함께 따라오게 된다. '우리답게' 살아간다는 것은 삶의 가치와 의미를 찾고 추구해 나가는 일이다.

지금 당신을 의미 있게 살아갈 수 있게 하는 것은 무엇인가?

어떤 한 사람이 자신이 무슨 일을 할 수 있을지 고민한다. 아무 일도 할 수 없을 것 같다는 생각에 괴롭다. 별다른 재주도 없고 돈도 없기 때문이다. 그러다 그 사람은 꿈만 꾸는 대신 '매일 아침 집 앞을 지나가는 차를 향해 손을 흔들어 주자.'라고 결심한다. 그리고 그날부터 아침마다 집 앞을 지나가는 차를 향해 손을 흔들었다. 처음에는 사람들이 이 모습을 보고 이상하게 생각한다. 저 사람은 뭘 하는 사람일까? 그렇게 생각하던 사람들도 매일 아침 출근할 때마다 손을 흔들어 주니 달라졌다. 이상하게 그 사람이 손을 흔들어 주면 그 모습을 본 사람들이 기뻐하고 일부러 그 집 앞을 지나가려고 길을 돌아오기까지 한다. 그 집 앞을 지나는 모든 사람들이 그에게 손을 흔들어 답례를 하게 됐다. 「평온한 기적」이라는 책에 나오는 이야기이다. 사소하고 중요하게 보이지 않는 일이라도 당신이 하는 행동에 의미를 부여하면 가치가 생긴다. 나는 책을 읽고 필사하는 습관이 있다. 길들이는 데 시간이 오래 걸리긴 했지만, 하루에 책 한 장이라도 읽고 와닿는 구절을 필사한다. 처음엔 글을 잘 쓰고 싶어서 시작한 일이었는데 어느 순간 내 마음의 평화를 주는 리추얼이 되었다. 필사한 글들을 소리 내어 읽어 보면 그 좋은 뜻이 내 몸 속 에너지로 흡수되는 것 같은 느낌이 든다. 이렇게 거창하지 않아도 지금 당장 할 수 있는 일들을 생각해 보고 행동으로 옮겨 보자. 다른 사람이 판단하고 값을 매기는 것이 아니라 나 스스로 가치를 만들 수 있는 일을 찾아 보자. 이러한 시도들은 나를 일으켜 세우는 원동력이 된다. 그 순간부터 변화가 시작된다.

한유정 | 도드림교육컨설팅 대표

워킹맘: 《하이힐을 신고 달리는 여자》

9챕터

사람들은 일생을 살아가면서 '출산과 육아'라는 경험을 하기도 한다. 행복한 삶을 살기 위해 선택했는데 육아와 일을 하다 보면 힘들어하고 우울감을 겪기도 한다. 이 챕터에서는 영화 《하이힐을 신고 달리는 여자》와 《인턴》을 통해 많은 워킹맘의 고민과 극복 과정을 다룬다. 워킹맘, 워킹대디를 선택한 이유는 누구나 다르겠지만 일과 육아로 지쳐 있다면 이 글을 통해 공감해 보자. 그리고 자신이 원했던 '삶의 목적'과 '행복'에 대한 의미를 찾아보도록 하자.

여자들이 하이힐을 신고
달리는 이유
01

케이트는 왜 하이힐을 신고 아침마다 달리기하는 것일까?
워킹맘으로서 가장 힘든 순간은 언제였던가?

여자들의 아침이 바쁜 이유

이른 아침, 케이트의 하루가 시작되었다. 눈곱이 그대로인 상태로 부엌에 나와 아이들의 아침 식사를 챙기고 있다. 출근 준비를 마친 남편 리처드와 아침 인사를 하며 서로 할 말을 주고받는다. 영화 〈하이힐을 신고 달리는 여자〉에 나오는 장면이다. 여주인공 케이트는 어린 아들과 유치원생 딸을 두고 있다. 출근 준비를 해야 하는데 아들을 돌봐 주어야 할 베이비시터 폴라가 늦는다. 리처드는 폴라에게 한마디해야겠다고 하지만 폴라가 일을 그만둘까 봐 그 말을 꺼내지 못한다. 그녀가 베이비시터 일을 당장 그만두면 2살짜리 아들을 봐 줄 사람을 찾기 어렵기 때문이다. 펀드 매니저인 케이트는 지각 때문에 딸의 유치원 선생님에게 혼나는 것이 가장 무섭다.

이날은 딸의 유치원에서 행사가 있는 날이다. 케이트는 바자회 행사에 쓰일 빵을 들고 친구 앨리슨과 대화를 나눈다. 가게에서 구매한 파이를 엄마가 직접 만든 것처럼 보이게 하기 위해 잘 위장했고 보모가 보기 전에 포장지를 버렸다는 것이다. 케이트는 앨리슨과 계속해서 대화를 나눈다. 유치원에서 전업주부들과 마주치는 순간, 다른 엄마들은 온종일 하이힐을 신고 예쁘게 다니는 워킹맘 케이트가 부럽다며 서로 좋은 말을 주고받지만 마음이 썩 편치만은 않다.

유치원에서 나와 출근하는 순간 케이트는 본격적으로 달리기 시작한다. 상사보다 먼저 출근하려면 달리는 것은 기본이다. 사무실에 도착하자마자 시작되는 업무, 후배 모모는 케이트에게 옷에 쿠키 부스러기가 묻었고 머리도 흐트러졌다며 한마디를 한다. 그때 회의실에서 직장동료 크리스 번스가 나왔다. 케이트의 동료인 번스는 회사 대표님에게 케이트 칭찬을 하고 있었다고는 하지만 성차별적인 발언을 하기도 한다. 비즈니스 골프, 술자리 등 워킹맘으로서 할 수 없는 제약들이 있지만, 케이트는 당당히 번스를 제치고 뉴욕 출장의 기회를 얻는다. 그런데 기쁨도 잠시, 케이트의 마음은 무거워지기 시작한다. 왜 마음이 불편해져야만 했을까? 유부녀이기도 하고 아이들은 보모에게 며칠 동안 맡겨야 하기 때문이다.

워킹맘으로서 가장 힘든 순간

일하는 엄마는 아이에게 늘 죄인과 같은 마음을 담고 산다. 극 중 케이트도 잦은 출장으로 가족에게 미안해하며 어린 둘째 아들의 머리를 처음

자르는 날에도 함께하지 못한다는 생각에 속상해한다. 전업주부들이 키우는 아이들과 케이트의 아들 성장 속도가 다르다는 시어머니의 잔소리 속에서도 밝은 모습을 보이며 애써 웃지만 속은 그렇지 않다.

 나도 아이가 생후 6개월이 되던 시기에 회사로 복직하며 워킹맘의 길을 걷게 되었고 직업 특성상 유독 출장이 잦았다. 아이와 남편에게 늘 미안한 마음이 들었지만 그래도 산후우울증보다는 일하는 것이 더 좋았고 너무 힘들었지만, 복직에 대한 후회는 없다. 2016년 워킹맘이 되던 해, 회사 생활이 즐거웠다. 커리어우먼으로 성장할 수 있다는 생각과 롤모델로 그리던 회사 선배의 모습도 꿈만 같았다. 걸음마도 떼지 못하는 아이를 아침 일찍 어린이집에 맡기며 출근할 때 마음은 무거웠지만, 막상 회사에 도착하면 일하기 바빴다. 동료들과 함께 먹는 식사와 식후 마시는 커피는 경력단절이 올까 두려워하던 나에게 즐거운 일상이 되었다. 직장인 맞벌이에 대한 한 리서치 조사 결과가 있다. 맞벌이하는 대표적인 이유로 5가지가 뽑혔고 여유로운 생활, 생활비 부족, 노후대비, 자녀 양육비와 같은 경제적인 이유도 있었지만, 각자의 '자아실현'을 이유로 맞벌이를 하는 경우도 34.5%나 된다고 한다.

 나도 영화 속 케이트처럼 커리어우먼으로서의 성취감을 느낄 수 있는 순간들이 있었다. 하지만 대부분 워킹맘은 아이를 키우는 엄마이자 아내의 역할과 회사생활을 잘하는 데에 많은 어려움을 겪는다. 이 글을 읽고 있는 독자에게 '당신은 워킹맘으로서 언제 가장 힘들었는가?'라고 묻고 싶다. 영화 속에서도 케이트가 눈물을 흘리는 장면이 나온다. 가족 여행에서 즐겁게 지내고 있던 케이트는 회사의 긴급 요청으로 급하게 출장을 떠나게 된다. 일을 무사히 마쳤지만, 가족들의 연락을 받지 못했고, 그로 인해 남편과 다투게 된다. 하이힐을 신고 병원으로 급하게 뛰어온 케이트는 카펫에 걸려 넘어졌다는 아이를 바라보고 미안하고 속상한 감정에 마음이 무너진다. 회사 일로 가정을 챙기지 못하는 아내에게 속상한 감정이 많았던 남편 리처드는 갈등의 골이 깊어져 그동안 담아 왔던 감정들을 쏟아내기 시작한다. 워킹맘으로서 고민이 많았던 케이트는 그날 밤 잠들기 전 계속 생각했다. '1번 내 삶을 바로잡기, 2번 앞으로 할일 목록 만드는 것 그만하기' 나도 그랬다. 잠들기 전에도 시간이 아까워 잠든 아이의 모습을 보고 이불을 덮어 주며 또 코를 골며 자는 남편의 얼굴을 보며 많은 생각에 잠긴 채 다음 날 아침을 맞이하고는 했다.

마음을 움직이는 힘 '믿음'

2020년은 여자, 엄마, 직장인의 역할을 모두 잘 해내야 하는 워킹맘을 포함해 모든 사람에게 힘든 해였다. 코로나19 바이러스로 인해 육아하는 부모들은 실제로 아이를 기관에 보내지 못하게 되었다. 남편과 번갈아서 연차휴가마저 다 소진하게 되면 회사는 어떻게 해야 하지 하는 고민 속에서 어려움을 겪은 워킹맘들이 많아졌다. 많은 워킹맘이 눈물을 흘리며 '회사생활을 그만해야 하나요?'라는 질문을 했다. 실제로 국민건강보험공단이 국회 여성가족위원회 의원실에 제출한 자료를 보면 2020년 만 0세~9세 자녀를 둔 여성 건강보험 직장가입자의 해지 비율이 10.24%에 달했다고 한다.

전 세계적인 이슈로 인해 회사생활을 유지하는 것조차 어려웠던 이 시기를 우리는 지혜롭게 잘 이겨 내 가고 있다. 아이를 잘 키운다는 것, 회사생활을 잘한다는 것은 어떤 것일까? 일과 가정에서 많은 갈등을 겪고 있는 워킹맘들에게 가장 먼저 해 주고 싶은 말이 있다. 바로 '우리는 충분히 잘하고 있으니 나 자신을 먼저 믿어 보자'라는 것이다.

워킹맘으로서의
삶의 의미
02

바쁜 일상에서 '삶의 의미'를 잊고 지내는 워킹맘이 가져야 할 가치와 마음가짐에 대해 알아볼 수 있다.

옳은 일을 하는 것은 결코 잘못이 아니다

"자신에게 영감을 주는 사람은?" "줄스 오스틴" 70세에 고령 인턴에 합격해 일하고 있는 노인 벤이 스타트업 '어바웃 더 핏'을 운영하고 있는 사장인 줄스에게 말했다. "줄스 난 비즈니스 세계에 오래 몸담았지만, 사장님 같은 사람은 본 적이 없어요. 정말 영감을 줘요." 수십 년 직장 생활에서 경험한 노하우와 풍부한 인생 경험이 있는 인생 선배인 벤이 줄스에게 말했다. 줄스는 벤에게 "벤, 좋아하는 명언은요?"라고 묻자 벤은 "옳은 일을 하는 것은 결코 잘못이 아니다."라고 벤이 말한다.

영화 〈인턴〉에서는 워킹맘인 줄스로 인해 남편인 맷이 전업대디가 되었다. 줄스는 온라인 쇼핑몰 창업 1년 반 만에 직원 수 220명을 이끌고 있는 성공한 여성 CEO이자 워킹맘이다. 그런데 그녀는 부쩍 고민이 많아졌다. 급속도로 회사가 성장하면서 줄스의 경영능력으로는 한계가 있자 잦은 문제가 발생한다. 직원들은 전문 경영인 영입을 원하지만 줄스는 자신이 사장으로서 잘해 보고자 하는데 회사 경영은 쉽지가 않다. 회사도 신경 쓸 것이 많은데 가족과 점점 멀어지는 느낌이 들어 모처럼 가족에게 자신과 출장길에 함께하길 제안했다. 그런데 그마저도 딸의 학교 행사로 인해 함께하지 못한다. 더 미안한 건 딸의 학교 행사 일정을 기억하지 못했다는 것이다.

딸 페이지의 친구 매디의 생일파티가 있는 날, 줄스와 맷을 대신해 벤이 페이지를 파티가 열리는 공원에 데려다주게 되었다. 전업주부 엄마들이 벤치에 앉아 대화를 나누고 있다. 벤은 엄마들과 인사를 나눈다. 이 장면에서 한 엄마가 줄스에 대해 말한다. "줄스는 꽤 까다로운 상사라고 들었어요." 그러자 벤은 "까다롭다고요? 줄스가요? 네~ 엄청 못됐어요. 그래서 인터넷 스타가 된 거겠죠. 자랑스럽지 않아요? 다른 주부가 첨단 산업에서 유리 천장을 깨고 있으니까요."라고 말하며 줄스를 대단한 사람이라 말한다. 또 영화 〈인턴〉에서 벤은 줄스에게 조언을 아끼지 않으며 그녀를 돕고 지지한다.

많은 워킹맘은 가족들과 회사에 민폐를 끼치는 것 같다는 죄책감과 스스로에 대한 자책으로 '이 일을 내가 계속해야 하는가, 옳은 일을 하는 것인가?' 자책하는 경우가 많다. 그러나 일을 한다는 것은 가족을 위해 보탬이 되고 나를 위한 성장의 도구로 볼 수 있지 않은가? 엄마이기 전에 사람이며 자신을 사랑할 권리를 가지고 있는 주체이다. 그러니 내가 일을 하기를 원하고 그 일이 옳은 일이라면 타인에게 미안해할 필요는 없을 것이다.

열심히 살아 보고자 일하는데 왜 힘들지? '삶의 의미'

줄스에게 회사란 자신과도 같았다. 그러던 그녀가 회사의 성장과 남편과의 문제를 해결하기 위해 전문 경영인을 영입하려 한다. 결국 줄스는 고민을 하다가 눈물까지 흘린다. 그리고 결정을 내린다. '어바웃 더 핏'은 자신이 운영하기로, 그런데 누군가에게 옳은 결정이라는 공감을 받고 싶던 줄스에게 마침 벤이 이야기한다. "회사는 사장님이 필요해요. 그리고 사장님한텐 회사가 필요해요. 회사는 사장님이 만들었어요. 이게 꿈 아닌가요? 그 꿈을 버린다고요? 남편이 바람을 피우지 않을 거란 희망 때문에요? 이 업적은 그 자체로 자랑스러워요. 이런 말을 듣고 싶어서겠죠." 때마침 남편 맷도 자신의 솔직한 마음과 복잡했던 그의 상황을 줄스에게 고백하였고 "우린 잘하고 있어 앞으로도 잘될 거야. 내가 잘되게 할 거야."라고 말하며 서로를 응원한다.

영화 〈인턴〉의 줄스와 〈하이힐을 신고 달리는 여자〉의 케이트는 경제적인 문제보다는 자신의 직업적 성공과 일에 대한 열정으로 워킹맘이 된 사례이다. 나의 경우에는 경제적인 문제가 1순위였고 2순위는 경력 단절에 대한 두려움이었다. 젊은 나이에 결혼하고 임신과 출산을 경험했다. 각자의 위치에서 성공하고 무언가를 이뤄 내는 주변 친구들의 모습을 보며 심리적 우울감을 느꼈다. 20대 후반의 일밖에 모르던 내가 감당하기에 육아는 너무 어렵고 힘들었다. 나는 아이가 6개월이 되던 때 재취업을 하였고 워킹맘이 되었다. 워킹맘이 되는 이유는 가정마다 다를 것이다. 워킹맘이 되어 멋지게 일을 하고 싶은데도 정말 현실적인 문제 때문에 일을 할 수 없는 사람들도 있을 것이다. 나의 경우 조금 더 쉬어도 된다는 남편의 입장과는 다르게 경제적 여유로움을 원했고 일 욕심도 많았다. 결국 커리어우먼으로서의 성공을 위해 일을 선택했다. 그런데 더 잘 살고 싶어서 일할 뿐인데 왜 남편과 잦은 말다툼을 하고 서로에 대한 불만은 커져만 가는 것일까? 왜 남편은 나를 도와주지 않지? 도와주는 게 아니고 같이 해야 하는 건데 왜 나만 더 일하는 것 같을까. 대화도 줄어든다. 각자 전달하고자 하는 중요 이슈만 주고받는다. 아마도 남편 또한 그렇게 생각했을 것이다. 힘이 들 때면 말도 안 통하는 아이에게 미안하다고 이야기하며 눈물을 흘렸다. 아이가 잠들고 새벽 2시까지 이유식을 만들면서 나는 생각했다. '무엇 때문에 일을 하는가?' 끝없는 고민을 하고 또 괴로워하면서도 일을 그만두지 않았다. 그렇게 깨닫게 된 것은 무엇인가? 바로 워킹맘도 내가 선택한 길이라는 것.

워킹맘들은 어떻게 이겨 냈을까?

남편은 우스갯소리로 가끔 나에게 "커뮤니케이션 강사가 소통을 너무 안 하는 거 같아."라는 말을 한다. 실제로 그랬다. 바쁠 때마다 '나 지금 바빠'라는 말을 핑계로 아침, 저녁으로 만나는 남편과 얼굴 보며 대화를 나눌 시간조차 없었고 아이에게 읽으라고 책을 선물해 줘 놓고 읽어 주지 않아 책만 쌓여갈 때도 있었다. 아이한테 좋다는 유명한 전집은 아마 다 구매해 본 것 같다. 심지어 수백만 원짜리 영어전집도 구매했다. 물론 남편은 아직도 그 책의 가격을 모른다.

내가 행복하려고 가정을 만들었고 더 잘 살려고 일을 하게 되었는데 정작 잘 해 줘야 할 사람들에게 소홀해져 가는 나를 보았다. 나 자신에게도 마찬가지이다. 힘든 순간들이 너무 많았기 때문이지 않을까 싶다. 급하게 시어머니에게 아이를 하원 해 달라고 전화할 때, 그마저도 어려워 하이힐을 신고 어린이집으로 달려갔다. 내 아이만 혼자 남아 엄마를 기다리고 있는 모습, 너무 추웠던 겨울 자는 아이에게 옷을 입혀 등원 버스에 태워 보낼 때, 비가 오거나 눈이 올 때 유모차를 끌고 열심히 하원 하던 때, 일하다 아이가 아프다는 연락을 받고 빨리 가야 하는데 조퇴를 하지 못하는 상황일 때, 이런 순간들이 계속 쌓여 점점 말 수도 줄어들었다. 웃어야 하는데 웃음도 나오지 않고 늘 피곤한 삶을 살았다. 문득 생각이 들었다. '도대체 나 왜 일하는 거지?'

내가 내 마음도 돌보지 못하는데 누구를 돌볼 수 있다는 것인가? 이대로는 계속 우울할 것 같았다. 일, 육아 둘 다 잘 안 되는 문제를 해결하기 위해, 일의 의미를 찾아보고 가족들과 대화도 해 보기로 마음먹었다. 남편도 힘들 테니 짜증 내지 말자고 매일 마음먹는다. 아이와 손잡고 유치원에서 돌아올 때도 잠들기 전에도 눈을 마주하며 대화하려 노력한다. 그리고 나 자신에게도 묻는다. 요즘 마음 상태는 어떤지…

'If you can't best them, join them. 피할 수 없으면 즐겨라' 누구나 아는

명언이다. 직장 생활을 하며 찾아오는 고비의 순간 어떤 사람은 가정을 택할 수 있겠지만 워킹맘이 되기로 마음을 먹었다면 어떻게 해야겠는가? 아이가 최소 초등 고학년이 되기 전까지는 힘든 것이 현실이다. 우리는 모두 알고 있다. 그렇지만 내가 행복해져야 일도 즐겁게 하고 가족들과도 즐겁게 살 수 있다. 그렇다면 이겨 내야 한다.

이 시대 워킹맘, 우리에게 한계는 없다

2020년 해군에서 여군 최초 상륙 함장이 탄생한 사례가 있다. 안미영 중령의 이야기이다. 여군 최초 해상 지휘관, 여군 최초 상륙함 함장, 안미영 중령의 이름 앞에는 '최초'라는 수식어가 항상 붙어 있다. 군부대에서 최초 여성 지휘관이 된 그녀는 워킹맘 리더십을 발휘할 것이라고 말하며 군에서 여성 참모총장도 나올 것이라고 인터뷰했다. 이렇듯 한국 사회에서도 여성 고위직 진출 비율이 높아지고 있다.

「엄마는 북극 출장 중」의 저자인 극지연구소 이유경 책임연구원의 사례는 세바시 강연에서 접할 수 있었다. 극지연구소에서 북극 생태계를 연구하는 그녀는 삶에 있어서 2가지 탐험이 있다고 하는데 첫 번째는 과학자로서 북극을 탐험하는 것, 두 번째는 아이 엄마로서 인생을 탐구하는 것이라고 한다. 자녀 두 명을 키우며 우리나라를 대표하는 여성 과학자가 된 그녀의 모습이 참 멋지다. 세바시 강연에서 그녀는 이렇게 말했다. "미리 포기할 필요는 없잖아요."

여성의 경제활동이 늘면서 여성고용률과 재취업률도 꾸준히 높아지고 있다. 이렇듯 여성의 사회 진출률이 증가함에 따라 전문 분야에서 리더가 된 여성들은 워킹맘으로서 겪은 엄마들의 고충을 잘 알기에 아이를 키우면서 일하기 좋은 환경을 만들기 위해 노력한다. 아이를 키우며 일하기 좋은 환경이 구축된다면 회사생활에 대한 만족도도 높아질 것이다. 그러면 자연스럽게 가족들과 함께하는 시간도 더 즐겁게 지낼 수 있지 않을까?

나는 두 분의 사례와 강의를 다니며 만나는 여성 관리자 진출률을 보며 여성 직업인으로서 성공할 수 있다는 동기부여를 얻고 있다. 기회가 더 많아진다는 것은 희망적인 메시지 아닌가? 많은 워킹맘이 가정과 회사 생활을 성공적으로 잘 해낸다면 후배들은 앞으로 더 좋은 환경 속에서 일과 가정의 균형을 잘 유지할 수 있을 것이라 믿는다.

엄마들이 가진 최고의 장점

여성들은 감성지수 EQ가 대체로 높은 편이다. EQ란 지능지수(IQ)와 대조되는 개념으로 자신의 감정을 조절하고 인간관계를 구축할 수 있는 마음의 지능지수를 뜻한다. 엄마가 되면 감성지수가 더 높아진다. 왜 그런 것일까? 아이와 공감대를 형성하다 보면 자연스레 아이의 기분을 느끼려 하고, 아이를 이해하려 하고 엄마로서의 모성애가 생기기 때문이다. 이 장점을 내게 적용해 보면 어떨까? 가족이나 타인에게는 늘 미안함을 느끼고 '미안해'를 입에 달고 살면서도 정작 나 자신에게 미안함을 느끼지 못하고 엄격하다면, 나 자신에게 먼저 공감해 보고 자신을 아껴 주자. 아내,

엄마, 일하는 여성에게 충분히 잘하고 있다고 말하고 싶다. 엄마들이 가진 최고의 장점을 주변 사람들에게만 발휘하고 있다면 자기 자신에게도 칭찬해 주고 인정해 주자는 것이다.

나의 성공과 가정의 행복을 위해 키워야 할 감정이 있다면 무엇일까? 행복하다는 감정을 아는 것부터 시작해 보자. 우리는 옳은 일을 하고 있고 일하는 엄마는 결코 죄인이 아니다. 늘 최선을 다해서 열심히 살아가고 있는 우리에게 행복한 감정을 일상에서 제대로 찾아보자고 말하고 싶다.

일과 육아를
잘하고 싶은 엄마라면
03

우리도 현재 성장통을 겪고 있는 사람이다. '일과 육아'라는 어려움을
극복할 수 있는 방법 3가지를 통해 행복해지는 방법을 찾아갈 수 있다.

'일이면 일, 육아면 육아' 순간에 집중하기

'나만의 루틴이 있는가?'

누구나 일을 할 때는 자신만의 노하우를 활용해서 가장 효과적이고 능률적으로 일하고자 한다. 일을 잘하기 위해서는 스트레스를 받지 않고 일을 하는 것이 참 중요한데 사회 초년생일 때 나는 시간 관리를 참 못하는 사람이었다. 업무 시간 내에 주어진 일을 해야 하는데 딜레이가 계속되다 보니 '내일까지, 확인해 보고, 다음에 다시'라는 말을 자주 사용했었다. 처음엔 괜찮았는지 모르겠지만 반복되니 상사와의 신뢰도 깨지고 업무상 누락이라는 것을 자주 하게 되었다. 한번은 사수가 "앞으로는 회사에 와서 무엇을 하는지 일일계획, 주간계획, 월간계획을 다 써서 퇴근 시에 보고하도록 해"라는 지시가 내려졌다. 처음엔 '이게 무슨 말도 안 되는 소리

인가?' 했다. 일하기도 바빠 죽겠는데 이메일 쓰는 데 하루를 다 쓰는 것 같았다. 그런데 신기한 것이 며칠, 몇 주, 몇 개월을 쓰다 보니 노하우라는 것이 생기는 것이 아닌가? 업무 보고와 관련 메일을 쓰기 위해 PC 메모에 작업한 업무들을 그때그때 표기해 놓기도 하고 스케줄을 편성하고 일정을 정리하다 보니 업무에 대한 전반적인 그림도 그릴 수 있었다.

영화 〈인턴〉에서도 줄스는 하루에 바쁜 일정들을 소화하는 데 자주 깜빡깜빡하는 모습들을 보인다. 대표로서 엄마로서 이렇게 누락되는 일정들이 있을 때마다 가족들에게 '미안해'라는 말을 하며 자신을 자책하고 반성하면서 감정적으로 힘들어하는 것이 아닌가?

워킹맘은 일터, 가정이라는 각기 다른 환경 속에서 매일 출퇴근을 반복한다. 우스갯소리로 '회사 퇴근, 육아 출근, 육아 퇴근'이라는 말들을 자주 사용하고는 한다. 일터에서도 일하는 루틴이 있다면 일을 잘할 수 있는 것처럼 가정과 육아에서도 나만의 원칙을 세워 두면 평정심을 유지할 수 있고 가정에서의 규정(규칙)이 생겨 서로를 이해하고 도와 가며 생활할 수 있다는 장점이 있다. 아이를 키우는 부모들이라면 영유아 검진을 받기 위해 몇 개월에 한 번씩 소아청소년과를 방문하게 된다. 한번은 육아하다 너무 힘들어서 소아청소년과 원장님께 "원장님 아이가 밥을 안 먹고 자꾸 떼를 써요. 어떻게 육아를 해야 할지 잘 모르겠어요."라고 상담을 요청한 적이 있다. 돌아온 답변은 "엄마가 일관성을 갖고 한 방향으로 잘 돌봐 주는 게 제일 중요해요. 엄마가 이랬다저랬다 말과 행동이 바뀌면 아이도 그걸 알아요. 스스로 규칙을 잘 만들게 하려면 엄마가 제대로 해 줘야 해요."

라고 답변을 주셨다. 부모의 일관성 있는 육아는 아이에게 습관이라는 것을 만들어 준다. 회사에서도 가정에서도 노하우를 만들어 보자. 일할 때는 일에 집중하고 출근했으면 최대한 아이에게 미안하다는 감정은 내려 두자. 그래야 업무에서도 효율성을 더 낼 수 있다.

평균적으로 18시 퇴근 후 집으로 와 19시부터 육아를 시작했다면 효율적으로 육아와 집안일을 해 보자. 나는 실제로 요리를 잘 못하므로 레트로 밥상이나 밀키트를 이용하기도 한다. 이는 바쁜 저녁 반찬 고민으로부터 도와주기 때문이다. 요즘 건강한 음식 정기배송도 잘되니 정기배송을 활용해 보는 것도 좋은 방법이다. 편리한 저녁 밥상은 그날 저녁 가정에 편안함을 주기도 한다. 아이들도 루틴을 만들어 갈 수 있도록 정해진 일상을 만들어 주자. 한층 편리한 육아를 할 수 있지 않을까?

행복 에너지는 전염성이 매우 크다고 한다. 엄마가 행복하게 일하고 즐거운 일상을 보내야 아이들도 행복한 가정환경에서 성장을 할 수 있다. 김미경 강사는 저서 「꿈이 있는 아내는 늙지 않는다.」에서 "아내들이여, 가슴 뛰는 삶을 포기하지 마라."라는 말을 하였다. 일하며 아이를 키운다는 것은 쉽지 않은 여정이다. 그러나 인생은 길지 않은가? 조금 더 재미있고 행복하기 위해 우리는 결혼을 선택했고 출산을 경험하며 엄마가 되었다. 똑똑한 워킹맘으로 살기 위해서는 나만의 루틴이 필요하다.

긍정적인 생각, 스스로를 칭찬하기

우리는 대인관계를 잘 형성하기 위해 긍정적인 이미지를 형성하고자 한다. 스트레스를 관리하기 위해서도 긍정적인 마인드가 필요하고 자기 자신을 경영하는 '셀프 리더십'에서도 '긍정적인 심리'는 자주 다뤄지는 콘텐츠다. 긍정의 힘이 가진 효과는 대단하다. 플라시보 효과라고 들어 보았는가? 의사가 효과가 없는 가짜 약 또는 꾸며 낸 치료법을 환자에게 제안했는데 환자의 긍정적인 믿음으로 치유가 돼 가는 과정을 이르는 현상이다. 가짜 약 효과라고도 한다. 건강보조제를 섭취했을 때 갑자기 건강해지는 기분을 경험하는 것이 플라시보 효과이다. 실제로 다양한 연구 사례에서도 이 효과에 관해 설명한다. 치유 효과를 끌어내는 긍정의 힘처럼 좋은 생각과 희망은 병을 치료하는 약이라고도 한다.

아이를 키우다 보면 '언젠간 지나가겠지, 이 또한 지나가겠지. 괜찮아지겠지' 하고 이겨 내려 하는 엄마들이 많다. 나도 아이가 4살이 되었을 때 '아 왜 이렇게 요새 힘들지? 말도 안 듣고!'라고 했더니 주변에서 미운 4살이 되었다고 한다. 그런데 때가 되면 편해진다는 희망을 준다. 5살이 되면 좀 더 나아지나 싶었는데 5살도 만만치 않다. 6살은 어떤가? 자기주관이 강해진다. 그러나 아이는 너무 예쁘고 소중하지 않은가? 긍정적으로 생각하기 위해 예쁜 모습을 보려 하고 즐겁게 대화하며 즐겁게 살아 보니 좀 나아지는 것 같았다. 문득 엄마들은 누워 있는 아이의 키, 발 크기를 보고 '언제 이렇게 컸지' 싶어 하는데 시간은 흐르고 지나간 시간은 돌아오지 않는다. 어렸을 때 배가 아프면 엄마가 "엄마 손은 약손, 엄마 손은 약손" 하며 배를 쓰다듬어 주었다. 그럴 때면 배가 덜 아픈 것 같았다. 지금 엄마가 된 나도 아이가 배가 아플 때면 "엄마 손은 약손."이라며 괜찮아질 것이라고 이야기한다. 이처럼 육아가 너무 힘이 들 때면 괜찮아지고 있다고, 좋아지고 있다고 자기 자신을 치유해 보자.

긍정적인 심리는 불가능을 가능으로 만드는 힘도 있다. 리우올림픽에서 대역전극으로 대한민국 펜싱 에페 역사상 최초 금메달의 쾌거를 이룬 박상영 선수의 이야기다. 13:9로 지고 있는 순간 '할 수 있다, 할 수 있다'라고 되뇌었다고 한다. 실제로 관중석에서도 "할 수 있다!"라는 외침도 있었다. 자신을 응원하기 위한 메시지를 통해 용기를 얻었던 것처럼 긍정적인 사고와 말은 대단한 힘을 가지고 있다. 우린 이미 대단한 엄마이다. 주변 사람들에게는 칭찬을 잘 해 주면서 자기 스스로에게는 칭찬을 잘 하지 않는 경우들이 있지 않은가? 칭찬은 고래도 춤추게 한다는 말이 있지 않은가? 피할 수 없는 육아를 힘내서 하기 위해서는 엄마가 먼저 마음이 건강해져야 한다. 지금 당장 내 어깨에 손을 올려 토닥여 보자. "잘했어. 지금까지 충분히 잘하고 있어. 앞으로 더 좋아질 거야."라고 자신의 가치를 높여 주자. 그리고 남편, 아이, 주변인들에게도 좋은 에너지를 주고받는 건강한 마음을 가진 워킹맘이 되어 보도록 하자.

현명하게 소통하기

개인의 성향을 분석하는 진단이 한창 유행했었다. 사람들은 자신을 소개할 때 MBTI 유형으로 자신을 소개한다고도 한다. MBTI의 유형 중 대표적인 것은 자신의 성향이 내향형인지 외향형인지 나누는 것이다. 나는 외향형인 사람이고 함께 육아하는 육아 동지 남편은 내향형이며 현재까지 내가 바라보는 우리 아이의 성향은 내향형인 것 같다. 소통하는 방식도 다소 다르다. 외향형은 적극적으로 자신의 의사를 표현하는 편이며 내향형은 반대로 말하기보다는 주로 경청을 하는 편이다. 일과 육아를 잘하는 엄마가 되기 위한 세 번째 방법으로는 현명하게 소통하는 것이다. 옛말에 아이 1명을 잘 키우려면 온 동네 사람들의 노력이 필요하다고 한다. 실제로 부모의 협업이 정말 필요하다. 그러기 위해서는 소통을 잘해야 한다. 일이 힘들면 서로에게 부정적인 감정이 생기게 된다. 그런 상황에서 감정을 잘 드러내어 함께 문제를 해결하고 위기를 헤쳐 나가는 부부들도 있지만, 방문을 닫고 소통을 단절하는 부부도 있다. 이 글을 읽는 독자들은 어떤 스타일인 것 같은가?

부부간에 현명하게 소통하는 방법으로 3가지를 추천한다.

첫째, 서로 성격을 존중하는 대화를 한다
SNS나 인터넷상에도 성격유형 검사들이 많다 보니 많은 사람이 자신의 유형을 알고 있다. 서로를 알고 대화의 스타일을 맞추어 나가는 것을 추천한다. 외향적인 사람이라면 기분 좋은 이야기로 칭찬해 주며 바라는 점을 이야기해 보자. 내향적인 사람이라면 심리적 안정감을 제공하며 이야기하고자 하는 것에 대해 천천히 이야기하자. 대화를 하다 보면 항상 누군가를 탓하거나 상황을 모면하려 한다. 자신의 ○○ 상황 때문에, ○○ 누구 때문이라는 말을 사용하다 보면 나도 모르게 부정적 언어를 사용하고 상황과 타인을 탓하는 경우가 발생할 수 있다. 옛 속담에도 "말 한마디로 천냥 빚을 갚는다."라는 말과 "가는 말이 고와야 오는 말이 곱다."라는 말이 있듯이 좋은 말을 사용하는 사람은 좋은 에너지를 준다. 서로를 존중하면서 '때문에'라는 말보다 '덕분에'라는 말을 자주 사용해 보는 것은 어떨까?

둘째, 솔직하게 문제 해결 중심으로 대화를 하자

아이를 키우다 보면 자주 다툴 수 있다. 특히 아이가 어릴수록 더한 것 같다. 나는 슬기로운 소통을 하기 위해 갈등을 해결하는 방법으로 감정이나 상황이 아닌 문제해결에 집중한 대화를 할 것을 권장한다. 대화를 통해 자신의 요구사항을 전달하고 서로 정말로 원하는 바를 파악해야 한다. 그리고 지지해 주자. 서로를 인정해 주며 애쓰고 있으니 고맙고 잘하고 있다고 긍정적인 이야기를 먼저 나누자. 빈정대며 상대의 감정을 상하게 하는 화법이 아닌 "잘했는데 이렇게 하는 건 어떨까? 내가 요즘 ○○로 인해 너무 어렵고 힘이 들어, 같이 해결해 봐야 할 것 같아." 자신이 진짜 원하는 요구사항에 관해 이야기할 수 있도록 상황에 맞는 문제 해결 소통을 하자.

셋째, 과거가 아닌 긍정적 미래에 관해 이야기하라

상대도 사람이기 때문에 부정적인 이야기부터 하는 것은 옳지 않다. 긍정적 미래를 함께 그려 가자. 육아하다 보면 어려운 순간들이 많이 찾아오지 않는가? 양육자들과 갈등도 많이 생긴다. 상대방의 기분을 치켜세워 주고 상황을 긍정적으로 받아들이다 보면 부정적 상황과 여건을 개선할 방법이 되지 않을까 싶다. 나도 코로나19로 강의가 많이 줄었던 시기가 있었다. 그렇다 보니 가사와 육아를 하는 비중이 늘었고 강의가 간혹 있는 시기는 극도로 예민해하며 남편에게 왜 집안일을 나 혼자만 하냐고 짜증을 내기도 했다. 비대면 강의를 하게 되고 강사로서 많이 바빠지자 가정에 소홀해지게 되었고 육아와 가사는 남편이 주로 하게 되었다. 아이 등원을 전담으로 맡아 하는 모습, 밀린 집안일을 해내는 남편이 어느 날 힘들어하는 것 같아, 말 한마디를 건넸다. "요즘 많이 힘들지? 다 알아 조금만 더 힘내줘. 그리고 고마워 정말." 그러자 남편은 말했다. "알아줘서 고마워."라고.

Love myself,
Love my job
04

내가 행복해지는 방법, 나와 나의 직업을 사랑할 수 있도록
스스로의 가치를 인정할 수 있다.

행복의 기준에 대해

'당신이 생각하는 행복의 기준은 무엇인가?'

행복의 기준은 누구나 다를 것이다. 경제적으로 여유로운 것은 좋은 것이다. 그러나 장담하건대 물질적인 것이 행복의 최우선은 아닐 것이다. 문득 궁금해졌다. 사람들이 생각하는 행복의 기준은 무엇일까? 나는 강의라는 일을 하는 직업을 가진 강사이다. 하루 평균 30명의 사람을 만나고 1주일이면 150명, 1개월이면 600명 정도의 사람들을 만난다. 코로나19 이후 사람들의 이동이나 여러 기본적인 생활이 박탈되면서 우울감이나 상실감을 느끼는 사람들이 많아졌다. 조직은 실적 부진, 매출 감소, 재택운영으로 인한 소통의 어려움, 바이러스 감염에 대한 두려움 등 여러 가지 문제가 생겼다. 그렇다 보니 팬데믹 시기 이후 감정관리, 스트레스, 셀프 리더십 관련 강의를 정말 많이 하게 되었다. 학습자와 가치관과 동기부여 요인에 대해 소통하기 시작했는데 신기한 건 각자의 행복의 기준도 다르고 가치관도 다르지만 하나 확실한 건 물질적 풍요가 인생의 최종 목표는 아니라는 것이다.

I LOVE MY JOB

'일의 의미감'이란 일을 통해 나 스스로 성장하고 있다고 느끼는 것을 의미한다. 사람들에게 "당신이 일하는 이유는 무엇인가요?"라고 질문하면 많은 사람이 대답한다. '돈 때문에'라는 사람도 있고 '자신의 삶'을 위해라고 말하는 사람도 있다. 사실 돈을 버는 이유도 행복한 삶을 살기 위해서이다. 워킹맘들이 일하는 이유는 다 다르겠지만, 경제적인 이유만으로 현실에 쫓기듯 일을 하면 자신의 감정을 돌보기 어렵다. 그리고 가족과 사랑을 나눌 수 있는 감정의 크기가 여유롭지 못할 수 있다. 일하는 목적을 '돈 때문에'라는 말에만 의미를 두지 말자. 커리어우먼으로서 성공하고 싶었던 워킹맘의 모습, 조금 더 안정적인 삶에서 행복한 가정을 이루고 싶었던 엄마의 바람을 생각해 보자. 내가 선택한 나의 직업, 10년 뒤 더 멋진 모습으로 성장해 있을 당당한 나의 삶, 내가 가장 잘하는 나의 일, 내가 사랑하는 일에 대해 의미감과 사명감을 느껴 보자. 행복한 나, 행복한 일, 행복한 가정이란 무엇일까? 즐겁게 살아 보려고 노력하자. 삶은 늘 자신의 것이고 최선을 다한다면 후회는 없지 않을까?

거울 속 나를 보며 이야기하자

"네가 나여서 좋아."

영화 〈하이힐을 신고 달리는 여자〉와 〈인턴〉에서도 엄마들은 결국 자기 일과 가정 어느 한쪽도 놓지 않고 두 마리를 모두 선택한다. 그리고 너무 바쁘게 지나쳤던 일상 때문에 놓쳤던 가족과의 시간도 함께하기 위해 최선을 다한다. '일과 삶의 균형'이라는 의미인 'Work-life balance'는 요즘 현대인이 가장 바라는 회사의 조직문화 중의 하나이다. 원래 일과 삶의 균형은 일하는 여성들의 일과 가정의 균형에서 사용되던 말이다. 워킹맘들이 가장 힘들어하는 것 중의 하나가 회사에서는 아이 생각, 집에서는 회사 생각을 계속해야 하는 것이다. 그리고 무엇인가 잘못되면 '나 때문인가?'라고 생각하며 죄책감을 느끼는 데 굉장히 많은 에너지를 소비한다. 우리는 워킹맘이자 직업인으로서 일 할 때는 일, 육아를 할 때는 육아 분리하도록 노력하자. 회사에서는 업무에 집중하여 성과를 낼 수 있도록 당당한 워킹맘으로 일하는 것이다. 그리고 육아를 할 때는 파이팅 넘치게 아이의 성향에 맞추어 가장 친한 친구가 되어 주자. 독자들의 직업과 회사의 조직문화에 따라 다를 수 있지만, 시대의 흐름이 빠르게 변화하고 있으니 일과 삶의 균형을 실현하면서 즐겁게 살아 보자.

남편과의 대화도 잊지 말자. 결혼하면 남자들을 '남의 편'이라 이야기하며 자신과 분리하기 시작하는데 남편은 영원히 나의 연인이자 친구이자 가족이다. 갈등을 견뎌 내면 더 단단해진다는 말이 있는 것처럼 부부도 육아하다 보면 당연히 갈등이 생길 수 있는데, 서로를 배려하는 대화를 하다 보면 갈등을 해결할 수 있을 것이다. 자존감이 낮은 사람이 되지 말자. 워킹맘으로 살다 보면 자존감이 낮아지는 경우가 종종 있다. 누가 보더라도 나는 당당하고 멋진 여성이자 엄마인데 나만 그것을 모른다. 연예인 장성규 씨가 연말 시상식에 나와 수상소감을 이야기할때 감동적이던 장면이 있었다. 바로 자기 자신에게 사과하는 장면이다. 그리고 고맙다고 자기 자신에게 말한다. 나를 너무 모르고 있었을 때, 우리는 자신에게 미안해해야 한다.

우리는 잘하고 있다. 그리고 정말 자랑스러운 사람이다. 아이를 낳는 것만으로도 힘든데 그 어려운 것을 잘 이겨 냈고 일과 육아를 하고 있으며 심지어 더 잘하려고 노력하기 때문이다.

그러니 당당하게 성장하자. 그리고 나를 알아주고 아껴 주자. 이 책을 읽고 있는 독자들이라면 자기 자신에게 한번 이야기해 보는 것은 어떨까? "○○야, 너 잘하고 있어. 네가 나여서 정말 고마워."라고….

이주아 | 심력연구소 대표

웰다잉:
〈굿바이〉

10챕터

사람으로 살아가면서 피할 수 없는 가장 큰 숙명은 죽음이 아닐까 생각한다. 외면하고 싶은 주제일 수도 있는 죽음을 영화를 매개체로하여 성찰해 보자. 이를 통해 웰다잉에 대한 성찰이 곧 잘 살아가는 삶, 웰리빙과 하나임을 발견하게 될 것이다. 웰다잉에 대한 의미, 웰다잉명상의 개념과 방법 등을 통해, 결국 더 잘 살아가는 삶의 지혜를 얻게 될 것이다.

모든 이별에는
이별의 방식이 있다

이별은 우리에게 숙명이다.
당신의 첫 이별 경험은 무엇인가?

누구나 첫 번째 이별 기억이 있다

나의 첫 번째 이별 기억은 아기 새와의 이별이다. 유치원생일 때 동네 친구들과 새둥지에서 털도 나지 않은 아기 새를 발견했다. 자라나는 걸 지켜보며 예쁘게 키워 보고 싶은 마음이 들어, 아기 새를 집으로 데려와 우유를 먹이며 키웠다. 그런데 불과 며칠 후, 아기 새가 죽어 있는 것을 발견한 나는 가슴이 철렁 내려앉는 듯했다. 아기 새를 잘 키워 보겠다고 데려온 것에 대한 후회와 미안함에 마음이 많이 무거웠다. 어린 나는 울상이 된 채 집 뜰에 땅을 파고 아기 새를 묻고 볏짚을 덮어 주며 작별 인사를 했다. 어렴풋이 죽음이란 것이 살아 있는 것의 끝이구나를 느꼈다.

이처럼 모든 사람은 저마다 이별에 대한 기억이 있고, 이별 앞에서 나름의 이별 방법을 취하곤 한다. 2009년 아름다운 영상미와 앞선 3D 기술을 적용해 큰 흥행을 했던, 영화 〈아바타〉 속 나비 족이 이별할 때, 꼬리를 통해, 함께한 추억과 사랑의 마음을 주고받는 이별 방식을 취하는 장면이 나온다. 사람들 또한 죽음을 통해 이별을 하고, 장례식이라는 절차를 통해 이별 시간을 가진다. 나라와 문화마다 다양한 방식이 있지만, 어떤 방식으로든 떠나는 자와 남은 자 간의 소통을 위한 절차가 있다. 〈굿바이〉라는 일본 영화는 장의사의 이야기를 통해 인간의 장례절차를 다룬다. 악단에서 첼로를 연주하는 것을 인생의 꿈으로 삼고 일해 오던 주인공이 의도치 않게 악단이 해체되자, 고향으로 내려와 급하게 얻은 직업이 장의사이다. 사람들의 여행을 돕는 일이라는 문구에 호기심이 일어 구체적인 일의 내용도 모른 채 시작하게 된 일이 장의사 일이었던 것이다. 주인공은 그 일을 통해 많은 사람들의 죽음을 보고, 사랑하는 이의 죽음을 맞이한 사람들과 가족, 친지들의 다양한 상황과 이야기들을 마주한다.

장의사 일에 대한 사람들의 편견과 낯선 작업들에 대한 힘든 적응과정을 거친 후, 주인공의 장의사 일에 대한 애정은 커지게 된다. 자신의 일을, 차갑게 식은 사람에게 영원한 아름다움을 주고, 사랑을 주고받던 사람들의 여정을 도와주는 아름다운 일이라고 받아들이게 된다. 평범한 일을 하라는 아내의 반대에도, 모든 사람은 죽기 마련이고, 죽음처럼 평범하고 일반적인 게 어디 있느냐고 반문하며 뜻을 굽히지 않는 신념도 갖게 된다.

어느 날 아내도 잘 알고 지내던 동네 아주머님이 돌아가시게 되고, 남편의 장의사 일을 반대하던 아내는 남편이 정성스럽게 절차를 진행하는 것을 지켜보게 된다. 자신과 잘 알고 지내던 분과의 이별 앞에서 슬픔이 가득하던 그녀는 남편이 시신을 정성스럽게 씻긴 후 단장시키고, 유족들이 고인과 인사를 나눌 수 있도록 안내하는 과정을 지켜보는 과정에서 자신도 큰 위로를 받게 된다. 그로 인해 남편의 장의사 일에 대한 생각이 바뀌게 되고, 남편의 일을 지지해 주게 된다. 이렇듯 영화에서는 죽음과 장의사의 일에 대한 다양한 편견이 있던 사람들이, 죽음을 좀 더 일반적인 것으로 여기게 되고 장의사 일을 좀 더 의미 있는 일로 받아들이게 되는 과정이 나온다. 어느새 영화를 보는 우리도 자연스럽게 영화 속에 동화되어 결국에는 한평생 화장터에서 일한 한 노인의 다음 메시지에 공감하게 됨을 발견한다. '죽음은 끝이 아니고, 다른 세상을 향해 가는 문이고 나는 문지기로서 그 과정을 도와주는 안내자입니다.'

영화 마지막 장면에서는 주인공이 수십 년 전 집을 나간 아버지의 죽음 소식을 듣고 달려가 아버지의 장례절차를 직접 진행하는 것이 나온다. 주인공은 한평생 아버지를 원망했다. 그런데 원망속에서도 가끔씩 떠올려지며 주인공을 미소 짓게 만드는 아버지와의 추억이 하나 있었다. 바로 어린 시절 바닷가에서 예쁜 돌을 찾아 아빠와 주고받으며 사랑을 나누던 기억이다. 굳어 버려 쉽게 펴지지 않는 아버지의 주먹. 힘겹게 편 아버지의 주먹 안에는 어린 시절 주인공이 아버지에게 주었던 그 조약돌이 쥐어져 있었다. 오랜 시간 쌓여 있던 마음의 앙금이 녹아내린 듯 미소 지으며 눈물 흘리는 주인공의 모습이 보여지고 영화는 마무리된다. 죽음을 통한 이별, 그리고 이별의 절차 속에서 삶과 죽음 그리고 가족과 사랑에 대해, 많은 성찰을 하게 되는 영화이다.

의문은 삶의 수준을 결정하고 질문은 삶 자체를 바꾼다

나는 가난한 시골 농가에서 태어났다. '나는 왜 하필 이런 가난한 집에서 태어났을까'라는 의문을 품고 어린 시절을 보냈다. "의문은 삶의 수준을 결정하고 질문은 삶 자체를 바꾼다."라는 팀 페리스의「타이탄의 도구들」의 메시지로 본다면, 그런 의문을 품은 것이 나의 삶의 수준이었다. 그런데, 중학생 때 엄마의 갑작스런 죽음 이후로 나의 의문은 크게 달라졌다. 그리고 그것은 내 삶의 수준을 변화시켰다. 죽음은 무엇이고 삶은 무엇인가에 대한 의문이 생기면서 그 답을 얻기 위해 방황하고 고군분투하는 과정에서 명상을 만나게 된 것이다. 그것을 계기로 결국 명상지도자가 되어 2022년 현재 20여 년간 하고 있으니, 의문과 질문이 달라지면서 나의 삶 전체가 바뀐 셈이다.

우리는 어려서부터 다양한 매체 또는 일상에서 누군가의 '죽음 소식'을 들으며 살아간다. 사람들은 보통 자주 만나고 접하는 것에 대해서는 의문을 품고 질문을 하게 된다. 저 사람은 어떤 사람일까? 왜 저렇게 반응할까? 왜 이런 일이 일어났을까? 이게 무슨 의미일까? 그러한 의문들을 품고 질문을 하면서, 답을 얻는다. 그런데 생애 주기 내내 접하게 되는 죽음에 대해서는 좀처럼 의문을 품거나 질문하지 않는다. 어찌 보면 이것이 더 어색해 보이기도 한다.

웰다잉에 대해 성찰하는 것은 웰리빙과 웰빙으로 우리를 안내한다

자주 접하지만, 의문을 품고 질문하지 않는 이유에는, 죽음을 피하고 싶은 마음이 있기 때문일 수도 있다. 죽음에 대한 이야기는 분위기를 무겁게 만들고, 그것은 슬프고 아픈 것이라는 생각, 외면하고 싶은 하지만 피할 수 없는 인간의 숙명 같은 무거운 주제로 죽음을 받아들이는 경우가 대부분이다. 어린아이들이 무섭고 위험한 상황에서 자신의 눈을 가려 버리는 것처럼, 외면해서 해결되지 않는 것을 외면한다면, 우리는 더 큰 타격을 입게 된다는 것을 이미 안다. 죽음에 대한 성찰, 잘 죽는다는 것에 대한 숙고 없이 생의 끝을 마주하는 것은 우리에게 더 큰 타격감을 줄 것이다. 인간의 삶에서 피할 수 없는 죽음이라면, 죽음에 대해 그리고 삶에 대해 의문을 품고 질문을 던져 보면 어떨까? 명상은 사전적으로 '고요히 눈을 감고 깊이 생각하는 것'을 의미한다. 웰다잉에 대해 성찰해 보는 것이 바로 웰다잉 명상이다.

웰다잉에 대해 명상하게 되면, 너무나 당연하게도 어떻게 하면 잘 살아갈 것인가, 어떻게 잘 존재할 것인가에 대한, 즉 웰리빙과 웰빙에 대한 성찰로 나아가게 된다. 한 번뿐인 삶을 어떻게 살아갈 것인가를 고민하고 버킷리스트를 작성하고, 곁에 머무는 가족과 현재를 더 충실하게 여기고자 하는 마음을 갖게 된다. 그리고 더 나아가 죽음을 이해하고 죽음의 문 너머를 이해하고 결국 새로운 문인 삶으로 돌아와 살아가는 인간 삶의 전체 여정에 대한 앎과 성찰, 깨우침을 얻게 된다.

웰다잉 명상으로
아픔을 극복하다
02

웰다잉에 대한 성찰과 명상은
삶에 대한 힘이 되어 준다.

사람이 영원히 살지 않음을 알게 되다

　버스가 자주 없는 시골에서 시내로 학교에 다니던 중학생 시절. 나는 방과 후 학원 가는 친구들을 부러워하며 집으로 오곤 했다. 농사를 짓고 있는 부모님을 도와드려야 했기 때문이다. 그런데 사건이 일어난 그날의 나는 하교 후 부모님을 돕기 위해 밭으로 가고 싶지 않았다. 직접 농사지은 과일을 도로가 옆 원두막에서 팔고 있던 엄마를 본 버스 안의 나는 고개를 숙여 숨어 버렸다. 나의 귀가를 엄마에게 들키고 싶지 않았기 때문이다. 매일매일 귀가 후 밭으로 달려가 엄마를 도왔지만, 그날은 놀고만 싶었다. 그렇게 처음으로 일탈 아닌 일탈을 하고, 집에서 놀고 있던 내게, 엄마가 교통사고를 당했다는 소식이 왔다. 정신없이 달려간 병원에서 어머니가 이미 돌아가셨다는 이야기를 들었다. 사람이 영원히 살지 않는다는 것을 처음으로 실감하게 되었다.

'신이 모든 곳에 있을 수 없어 어머니를 보내셨다'는 유대인의 격언처럼, 너무나 큰 존재였던 나의 엄마, 나의 신이 사라진 허망함에 나는 제정신이 아니었다. 장례 절차 중 만난 나의 신은 편안한 표정이었지만, 입을 살짝 앙다문 느낌이었다. 사고 당시의 충격 때문이었을 것이라는 생각이 스쳐 가며, 마음이 아파 정신을 차리기가 어려웠다. 그렇게 반쯤 정신을 놓은 채 잘 이해되지 않는 다양한 장례 절차들을 마쳤다. 당연히 영원히 나와 함께 살 줄 알았던 나의 엄마가 그렇게 떠났다. 한평생 고생만 하고, 자식들만 챙기다 떠난 엄마에 대한 안쓰러움, 그리움, 죄의식, 세상에 대한 원망, 죽음에 대한 두려움 등 그동안 겪어 보지 못한 다양한 감정들이 몰려왔다.

웰다잉에 대해 명상하기 시작하다

그리고 가슴에 묵직한 의문이 자리했다. '사람은 왜 죽어야 하지? 죽을 건데 왜 굳이 태어나지? 죽은 다음엔 어떻게 되는 걸까?' 고요히 명상하는 과정을 통해 의문들에 대해 실마리를 조금씩 풀어 갈 수 있었다. 죽음에 대한 다양한 책과 원리들을 접하면서, 인간의 태어남, 삶, 그리고 죽음에 대한 명상적 성찰을 하게 되었다. 죽어 보지 않고는 알 수 없는 그래서 무엇이 진실이라고 단정 지을 수는 없는 것들이지만, 인류 속에 남아 있는 죽음에 대한 공통적인 지혜를 발견할 수 있었다. 더 나아가 죽음 너머의 삶들에 대해 고민해 보고, 이해해 볼 수 있었다. 인간의 태어남, 태어남의 목적과 삶의 의미 등을 숙고하고 성찰해 볼 수 있었다. 그 과정에서 가슴에 큰 응어리로 남아 있던 엄마의 떠남에 대한 의문과 해소되지 않던 감정들이 풀려 나가며, 마음속에서 엄마와의 해원(解冤, 원통한 마음을 풂)이 일어나기 시작했다. 그렇게 10대의 이별 경험의 상처가 20대의 명상 여정에서 조금씩 아물어 갔다.

그런데 20대의 어느 날, 미용실에서 머리를 다듬고 있던 내게 한 통의 전화가 걸려 왔다. 시골에 계신 아빠가 돌아가셨다는 것이다. '이건 또 무슨 말인가?' 눈물이 걷잡을 수 없이 흘러내렸다. 마무리 짓지 못한 머리 손질을 그대로 멈추고, 고향에 계신 아빠에게로 달려갔다. 속이 좋지 않다며 배를 감싸고 엎드려 잠시 방에서 쉬시던 아빠는 그렇게 이별 여행을 떠나셨다고 했다. 아빠마저 인사도 나누지 못한 채 갑자기 보내 드려야 하는 상황에 마음이 너무나 아팠다. 그럼에도 마음 한편에서는, 그 사이 죽음에 대해 공부하고 명상했던 것들이 힘이 되어 주고 있었다. 나는 아빠를 위해, 온 마음을 다해 기도하고 명상하며 장례절차를 마쳤다. 엄마 장례식에서 장례절차 내내 정신을 못 차렸던 나이지만, 이제 정신을 똑바로 차리고 과정 하나하나에 더 집중해 아빠를 위한 마음을 낼 수 있었다. 아빠의 태어남과 삶의 여정 그리고 이별 여행, 온전한 아빠의 삶을 되짚어 보며 사랑과 미안함을 고백하고, 새로운 여정의 문을 통과한 아빠를 위해 기도하고 또 기도했다. 집으로 돌아와 꿈에서 만난 아빠는 매우 밝고 건강했다. 아빠 꿈을 꾼 나는 마음의 평화와 안정을 느꼈다. 엄마에 대한 죄의식 때문에, 꿈에서 만나는 엄마를 두려워하던 첫 번째 이별을 경험했던 어린 나와는 완전히 다른 내가 되어 있었다.

나의 40대의 어느 날, 뜻하지 않은 질병 진단을 받고 투병 중이던 사랑하는 나의 큰 언니가 투병 4년 만에 이별 여행을 떠났다. 병원에 있던 나는 엄마, 아빠 때와 달리, 언니의 임종을 지켜보았다. 이번에는 이별 여행 소식을 듣는 자가 아닌 전하는 자가 되었다. 너무나도 마음이 아팠지만, 사랑하는 이들에게 알려야 하는 소식. 그 또한 쉽지 않은 일이라는 걸 알게 되었다. 임종을 지켜본 첫 인상은 오래도록 잔상이 남았다. 꽤 오랫동안 나의 잠자리에서 함께하는 장면이 되었다. 장례절차 하나하나의 의미를 알기에 더욱 정성스럽게 절차를 지켰다. 더욱더 정성을 다하고 기도하고 명상하게 되었다. 인간의 육체를 통해 뜨겁게 살다 간 언니의 삶. 그 영혼의 지나 온 여정, 앞으로의 여정에 대한 이해가 있기에 큰 아픔과 슬픔 속에서도 내면에 고요하고 깊은 안정감이 있었다. 웰다잉을 명상하고 나서 겪은 가족의 이별을 대하는 나의 마음, 태도, 행동 모든 것은 전혀 다른 차원의 것으로 변해 있었다.

하지만 반복되는 이별을 경험한다고 마음이 그것에 익숙해지는 것은 절대 아니다. 여전히 너무나 아프고 슬프다. 만약 내가 웰다잉, 잘 죽는다는 것에 대해, 죽음과 삶에 대해 명상하지 않았다면, 난 삶을 포기하고 싶었을 수도 있었을 것이다. 엄마와의 이별을 경험하던 그때의 내 상태로 아빠와 큰 언니와의 이별을 맞닥뜨려야만 했다면, 너무나 많은 상념으로 나 자신을 고통으로 몰아갔을 것이다. 아마도 왜로 시작하는 수많은 질문이었을 것이다. 이를 테면, 왜 하필 나에게 이런 일이 일어나는지, 왜 반복적으로 일어나는지와 같은 질문들이었을 것이다. 그렇게 죽음에 대한 두려움에 압도되었을지도 모른다. 우리는 사랑하는 사람들과의 이별을 겪어

낸다. 감당해야 하기에 그저 감당하는 것이다. 어떻게든 겪어 내고 나면 많은 사람들이 오랜 시간 심적 고통과 후유증으로 힘들어하곤 한다. 내가 단순히 청소년에서 성인이 되었기에 이별을 받아들이는 것이 성숙해진 것이 아니다. 지금, 이 순간 숨 쉬고 있음에 감사하며, 잘 살아가는 것에 더 고민하고, 생을 마치고 떠나는 것에 대해서 두려움이 줄어든 것은 웰다잉 명상 덕분이다. 웰다잉 명상 덕분에 아픈 경험들 속에서도 생을 포기하지 않을 수 있었다.

부부 교육, 부모 교육처럼 웰다잉 교육이 필요하다

우리는 생의 주기에 따라 많은 사전 교육, 예비 교육들을 받곤 한다. 결혼하기 전에는 예비부부 교육을 통해, 남남으로 살아오던 두 사람이 부부로 살아가면서 마주하게 될 많은 것들에 대해 미리 고민해 보고 의견을 나누어 본다. 서로가 원하는 이상적인 부부생활의 모습에 대해 논의해 보고 이견을 조율해 보기도 한다. 가정을 꾸린 후 자녀를 갖기 전에 혹은 자녀를 키우면서 수많은 부모 교육을 듣는다. 자녀처럼 부모 역시 처음으로 해 보는 부모의 역할을 잘 해내기 위한 준비과정인 것이다. 직장인들 역시 마찬가지다. 신입사원으로 들어가면 신입사원 예비 교육을 통해, 첫 사회생활, 조직 생활에 잘 적응하기 위한 다양한 배움을 얻고, 빠른 적응과 역량 발휘의 준비를 한다. 승진하게 되면 승진자 예비 교육을 통해, 조직과 조직 내 구성원 사이에서 탁월한 리더십을 발휘하기 위한 논의와 지식 그리고 지혜들을 얻는 시간을 가진다. 언급된 많은 교육들이 보편화되어 이제는 당연하게 여겨지는 것에 비해, 웰다잉 교육은 아직까지도 보편화되지 않은 것은 물론이거니와 교육의 필요성에 대한 인식조차 많이 부족한 실정이다.

나는 20대 때부터, 죽음과 관련한 수십 권의 책들을 읽으며, 스스로 죽음에 대해 질문을 던지고 성찰하였고, 다양한 방식의 웰다잉 명상을 경험했다. 입관 체험하는 명상부터 삶을 돌아보고 참회하는 참회 명상은 물론, 죽음을 사실적으로 경험하게 하는 시뮬레이션 죽음 명상 등을 경험했다. 죽음에 대해 명상하다 보니 꿈에서 직접 죽음을 경험하고 죽음을 마주하는 나의 태도를 미리 경험해 볼 수 있는 기회도 있었다. 죽음에 대해 파고들다 보니 삶에 대해 파고들게 되었고, 결국 인간의 태어남과 죽음, 죽음 이후의 여정 모두를 파고들게 되었다. 죽음에 대한 바른 이해와 성찰이 주는 유익함과 중요성을 깨닫게 된 나는, 호스피스나 장례지도사가 되어 그것을 전하는 역할을 해 볼까 하는 생각을 하기도 했었다.

사람은 자신의 경험 속에서 세상에 나눌 것들을 발견하곤 한다. 나는 죽음이라는 경험과 질문을 통해 삶 전체가 변화되었기에, 죽음이 삶의 본질을 마주하게 하는 핵심 주제라고 여기게 되었다. 그래서 명상을 지도할 때, 생의 끝을 떠올려 보게 하는 명상으로 시작하는 경우도 많다.

바쁘게 살아가는 우리는 사랑하는 사람과의 이별에 대해 충분히 아파하고 맘껏 울어 보지 못한 채 일상으로 돌아간다. 가슴이 무너지는 듯한 이별 소식을 듣자마자 많은 절차를 준비해야 하고, 장례절차 내내 몸도 마음도 바쁘다. 그리고 그것이 마무리되면, 다시 일터로 돌아가 일상생활에 적응하고자 애를 쓴다. 과연 그렇게 일상생활로 복귀하면 우리는 적응된 것일까?

어느 날 나는 애도 명상 프로그램을 준비하는 과정에서, '어린 소년이 갑자기 떠난 엄마의 죽음을 받아들이는 과정이 적힌 「무릎딱지」라는 동화책을 읽었다. 그리고 공감하며 글을 읽어 가던 순간, 한 페이지의 내용을 읽고 오열하고 말았다. 엄마가 떠나고 엄마 냄새가 방에서 나가지 않게 하기 위해, 소년은 여름인데도 창문을 열지 않고 지내던 상황이었다. 어느 날 방문한 할머니가 더운데 창문도 안 열고 뭐 하냐며 창문을 열어젖힌 순간, 소년이 온몸에 힘이 빠져 그대로 쓰러지는 내용이다. '엄마 냄새 나간단 말이야'라고 외치면서. 소년이 그리워하는 그 엄마 냄새, 그 그리움의 마음이 그대로 전달되었다. 나도 모르게 내 몸 속에 그 기억들이 깨어나며, 사시나무 떨듯 오열해 버렸다. 몸 속 기억이 책 속의 아이의 감정과 크게 공명하고 있었다. 사랑하는 이들을 떠나 보낸 많은 사람의 몸은 기억하고 있다. 그 아픔을, 슬픔을, 그리움을. 그것과 만나는 시간, 그것을 계기로 웰다잉과 웰리빙에 대해 명상하는 시간이 모두에게 필요하다.

애도 명상을 진행하다 보면, 아픔, 상처, 후회, 죄의식 등을 마주하고 치유하고 궁극에는 웰다잉 명상이 웰리빙 명상으로 이어지는 것을 경험한다. 준비 없이 아픔을 겪기 전에, 미리 죽음을 성찰하고 명상해 보는 게 필요하지 않을까? 왜 우리는 그토록 수많은 예비 교육을 받으면서, 죽음에 대한 예비 교육은 받지 않는가?

누구나 언젠가는 사랑하는 사람을 보내고
또 배웅을 받는다

웰다잉에 대해 성찰한다는 것,
웰다잉 명상은 무엇인지 알아보자.

웰다잉에 대한 지식을 갖자

나뿐만 아니라, 많은 사람들이 한 번쯤은 사랑하는 사람을 떠나보낸 경험이 있을 것이다. 또한 우리 모두는 예외 없이 결국 언젠가는 사랑하는 사람들의 배웅을 받으며, 육체의 삶을 마무리 짓고 그들과 이별하게 된다. 2021년 08월 31일 MBC 방송 프로그램 '아무튼 출근'에서는 영혼의 동반자라는 타이틀로 27세 장례지도사가 소개되었다. 직장인 브이로그 형식을 이용해 현대인들의 다양한 직업과 직장생활을 보여 주는 '남의 일터 엿보기' 프로그램이다. MZ 시대 장례지도사가 출연해 '장례'와 '죽음'이라는 주제를 이야기하고, 일반 직업군으로서 장례 지도사를 소개하고 공중파에서 보여 준다는 것이 나에게 매우 반갑게 다가왔다. 장례지도사는 장례지도 관련 학과를 졸업한 후 시험을 보고 취득하는 국가자격증이다. 장례지도학과 졸업 후, 장례지도사, 화장 기사, 운구봉송, 장례 상담 등의 일을 하게 된다. 출연자는 인간의 마지막 복지는 장례이며, 인간의 마지막 복지를 담당하는 사람이 장례지도사라고 말한다. 누군가는 생을 위해서 일한다면 누군가는 그 생의 끝에 있는 죽음을 위해 일하는 사람도 있어야 한다고 말한다. 해당 방송 영상이 유튜브에 업로드된 지, 약 6개월째인 2022년 2월까지 영상은 225만 회 리뷰되었다. 2만 2천 개 정도의 댓글에는 가족 구성원 중에 장례지도사가 있다고 공감하며 적은 글, 자신이 장례를 치를 때 장례지도사분들이 큰 도움을 주었다는 사례들이 있었다. 그리고 죽음과 삶에 대해 성찰을 하게 해 준 감사한 방송이라며 눈시울이 붉어지게 만드는 다양한 삶의 이야기와 성찰들이 담겨 있다. 그 많은 공감은 어디에서 오는가, 바로 언젠가는 사랑하는 사람을 보내고 또 배웅받게 되어 있는 것, 그것이 인간의 삶이기 때문이다. 우리들은 이제, 이 보편적 삶의 일부인 죽음에 대해 무언가 더 알아야 하지 않을까?

웰다잉 명상에 앞서 죽음에 대해 가지고 있는 회피의 마음, 또는 부정과 혐오의 마음에서 벗어나는 것이 필요하다. 앞의 글들이 그러한 마음의 준비를 하기에 도움이 되었기를 바란다. 웰다잉 명상은 거창한 것이 아니다. 앞서 언급했듯이, 마음을 고요히 하고, 죽음이란 것에 대해 성찰해 보는 것부터가 시작이다. 그렇다면, 스스로 죽음에 관해 성찰해 보는 것 그리고 더 나아가, 웰다잉 혹은 웰엔딩이라고 하는 삶의 마지막에 대한 지식을 가져 본다면 무엇부터 하면 좋을까?

죽음에 관한 공부의 필요성이 받아들여졌다면, 임종학이라고도 일컬어지는 임종에 대한 부분을 공부해 보면 좋다. 임종은 말 그대로 죽음, 생의 끝에 직면한 것을 말한다. 자신의 임종을 위한 준비 또는 가족을 비롯한 의미 있는 사람들의 임종을 위한 준비와 이해가 필요하다. 갑자기 죽음에 직면하거나 사랑하는 이의 죽음 소식을 듣고 당황하지 않도록, 미리 이해해야 할 많은 것이 있다. 당하는 죽음이 아닌 맞이하는 죽음이 되도록 하는 것이 임종에 관한 공부다. 나중에 임종을 앞두고 하면 되지 않겠느냐고 묻는다면, 갑자기 시한부 선고를 받지 않더라도 한 치 앞을 알 수 없는 것이 인간의 삶이니, 지금 당장 해야 할 공부이자 준비라고 말할 수 있겠다. 유종의 미를 거두는 삶이 되도록, 임종의 단계에 대한 이해 각 단계에서 해야 할 일들, 임종 후의 장례식 절차에 대한 이해 그리고 그 과정 후의 애도 과정을 잘 겪어 내는 과정까지가 가장 기본적인 공부가 될 것이다. 정말 공부할 뜻이 있다면, 임종에 관련된 책, 영상, 영화, 선조들의 지혜가 담긴 서적 등 활용할 자원들은 매우 많다.

웰다잉 명상을 시도해 보자

임종학에 대한 지식을 습득했다면, 인간의 생과 사에 대한, 즉 웰빙과 웰다잉에 대한 질문을 품고, 자신의 고요한 내면으로 들어가 명상을 해 보자. 나는 청소년 시기에, 준비되지 않은 채로 엄마와의 이별을 경험한 후 눈 뜨고 생활하는 일상과 잠들어 있는 순간까지 죽음에 대한 질문들을 내면에 던지고 던졌다. 그게 바로 죽음에 대한 성찰, 웰다잉 명상의 시작이었다. '돌아가신 엄마는 이제 그 어느 곳에도 없는 것인가? 죽음 이후의 삶이 있는가? 영혼은 존재하는가? 천국과 지옥은 있는가? 도대체 어떻게 살아야 잘 사는 것인가? 운명은 정해져 있는가? 그렇다면 그 기반은 무엇인가? 그 모든 것을 주재하는 것은 우연인가, 필연인가, 법칙인가, 종교인가?' 죽음에 대한 성찰과 탐구는 관련 분야 책들을 찾아 읽는 것으로 이어졌다. 다양한 의문과 질문 속에서, 죽음 이전의 생, 죽음 이후의 생, 카르마, 운명, 점성학, 사주학, 주역을 비롯한 다양한 것들에 대한 독서와 공부 그리고 명상 등을 이어오게 되었다. 눈을 감고 죽음을 떠올려 보고 성찰하거나 버킷리스트를 작성해 보는 것, 유언을 미리 작성해 보거나, 묘비명을 적어보는 것, 부고 기사를 작성하는 것들 또한 하나의 웰다잉 명상이다. 아주 간단하게 웰다잉을 성찰해 볼 수 있는 명상을 공유해 본다. 이것은 나의 책 「심력 MindEffect, 2016」에서 삶의 우선순위 가치를 찾는 질문들이란 주제로 적었던 내용의 발췌본이다.

우선 의자 또는 바닥에 편안하게 앉고 눈을 부드럽게 감아 본다. 양손은 무릎 위나 허벅지 위에 손바닥이 천장을 향하도록 편안하게 올려 둔다. 마음을 고요히 하기 위해, 주의를 잠시 양 콧구멍에 두어 본다. 코 주변을 접촉하는 들숨, 날숨의 공기가 느껴질 것이다. 마치 성문을 지키는 문지기가 성을 드나드는 모든 사람을 관찰하듯이, 코 주변에서 느껴지는 들숨, 날숨을 약 2-3분간 관찰해 본다. 뇌파가 떨어지면서 마음이 고요해지기 시작할 것이다.

고요하고 안정된 마음이 느껴지면, 지금이 내 생의 마지막 순간이라고 가정하고 스스로에게 아래 질문들을 해 본다. 가정이 현실적으로 느껴지는 만큼 더 깊은 메시지를 얻게 될 것이다. 세네 번 정도 지금이 내 생의 마지막 순간이라는 가정을 반복하며 그 느낌 안으로 들어가 본다. 그리고 하나씩 질문을 해 보며, 질문에 대한 답으로 어떤 생각들이 떠올려지는지, 가슴에서는 어떤 느낌들이 일어나는지를 편안하게 바라본다.

"생의 끝을 마주한 지금의 나. 나는 지금 무엇이 가장 아쉽고 후회되는가?"
"지금 내 마음을 가장 무겁게 하는 것은 무엇인가?"
"나에게 다시 생이 주어진다면, 어떤 것들을 우선순위에 두고 살아가고 싶은가?"
"삶이 남은 누군가에게 조언을 해 준다면, 삶에서 어떤 것들을 우선순위에 두고 살아가라고 이야기하고 싶은가?"

마음을 안정시키고 좀 더 깊은 무의식 차원의 내면의 소리를 들을 수 있도록 중간중간 주의를 코 주변으로 가져가 들숨, 날숨을 관찰하면 좋다. 충분히 자신과 대화를 나누고 한 걸음 더 나아가 본다면, 아래와 같은 질문도 해 볼 수 있을 것이다.

"삶의 마지막 순간까지도 내가 가져갈 수 있는 것은 무엇인가?"
"삶의 마지막 순간, 나를 미소 짓게 할 수 있는 가치는 무엇인가?"
"생의 끝에서조차 두려움 없이 당당할 수 있는 힘은 어디에서 나올까?"

가능한 선에서 편안하게 시도를 해 본 후, 다시 처음처럼 2~3분 호흡을 관찰하고 명상을 마무리한다. 명상 중에 떠올랐던 성찰, 감정, 기억 등을 노트에 기록해 본다. 새롭게 알아차려지는 것들이 있을 것이다.

다양한 방식으로 생의 끝 즉 죽음에 대한 명상이나 성찰을 하다 보면, 자연스럽게 또 다른 의문들이 들게 되면서, 스스로에게 필요한 책, 사람, 프로그램 등이 저절로 연결되어진다. 에너지 법칙에 의해, 삶은 내가 관심 갖는 것들이 보이고 들리게 되어 있기 때문이다. 나 또한 죽음에 대한 의문이 다양한 책, 사람, 프로그램 등으로 나를 이끌어왔다.

어차피 죽을 건데 왜 인간은 태어나느냐는 첫 질문은 나에게 웰다잉 명상의 첫 화두가 되었다. 그것은 인간의 실체가 무엇인지, 본성이 무엇인지, 태어나고 죽는 것에는 어떤 법칙 혹은 섭리가 있는 것인지 등에 대한 의문을 거쳐, 궁극에는 무엇을 위해 살아야 하는가 하는 생의 목적이 무엇인지를 발견하는 것에 몰입하게 했다. 결국, 삶에서 무엇이 가장 중요한 실체인가라는 삶에 대한 명상이 된 것이다. 나에겐 지금 하고 있는 모든 것들이 웰다잉 명상이자 웰빙 명상이 된 셈이다. 조금씩 어렴풋이 답을 알아 가면서, 죽음에 대한 염려와 두려움은 줄어들고, 끝이 존재하는 인간의 생을 더욱 사랑하게 되었다. 감히 그 무엇이 정답이라고 말할 수는 없지만, 적어도 인간의 희로애락, 생로병사의 흐름에 대한 자신의 정돈된 맥락을 가지고 있다는 것은 삶에 큰 중심이 되고, 힘이 됨을 느낀다.

인간이 가진 대표적인 방어기제 두 가지는 의심과 두려움이라고 한다. 이 방어기제는 우리를 보호하는 기능도 하지만, 때로는 우리를 과도하게 긴장하게 하고 위축시켜 마음을 힘들게 하고 자유롭지 못하게 만들기도 한다. 생각의 방어기제인 의심은 앎을 통해 풀어지고, 감정의 방어기제인 두려움은 기쁨과 사랑을 통해 풀어진다. 즉 죽음에 대해 모르면 더 불안할 수밖에 없으니 아는 것이 우리를 더욱 편안하게 만들 것이고, 죽음에 대한 두려움은 삶에 대한 사랑과 기쁨을 통해 녹여낼 수 있을 것이다. 웰다잉에 대한 지식과 앎 그리고 명상을 통해 생과 사에 대한 의심에서 벗어나 삶을 더 당당하게 즐겨 나갈 수 있는 우리이기를 소망한다. 삶에 대한 두려움이 희석되고, 매 순간의 삶을 기쁨과 사랑으로 채워 나갈 수 있는 지혜를 얻을 수 있기를 바란다.

당장 삶을 마무리 하게 되더라도 아쉽지 않을 오늘을 살자

대학 시절, 입학하자마자 명상동아리를 만드느라 뛰어다니고 명상 수업을 만들어 진행하는 데 몰두했다. 그러다 보니 결석이 잦아져 학사경고를 2번이나 맞고 재적 위기에 놓이기도 했다. 그만큼 명상이 준 유익함은 나에게 인상적이었고, 그것을 함께 나누고자 하는 열정이 꽤나 뜨거웠다. 대학 졸업 후 회사에 들어가 4년을 근무하던 어느 날, 하나의 질문이 마음에 떠올랐다. '당장 죽더라도 나는 이 일을 할까? 내가 이 일을 하는 가장 큰 이유가 뭐지? 돈을 안 벌어도 된다고 해도 난 이 일을 계속할까?' 마음 속 답은 즉각적으로 왔다. 직장은 경제활동을 위한 것 그 이상도 이하도 아니었던 것이다. 곧바로 퇴사를 결정하고 당장 삶을 마무리하게 되더라도 후회하지 않을 나의 일과 일상이 무엇인지 성찰하고 확인하는 내면 작업들을 거쳤다. 그리고 기다렸다는 듯이 명상지도자의 삶을 다시금 선택해서 지금까지 지속하고 있다. 웰다잉에 대한 지식을 얻고 명상을 통해 지혜를 얻고 나면, 삶의 우선순위 가치가 정돈된다. 그리고 그 가치를 담아낸 일상을 살아가는 데 집중하게 된다.

〈굿바이〉 영화 장면 중, 염습과정에서 이승의 피로를 해소하기 위해 시신의 피부를 소독솜으로 깨끗하게 하는 장면이 있다. 가족 구성원들이 돌아가면서 시신의 얼굴을 정성스럽게 닦아 준다. 살면서 언제 그렇게 얼굴을 지긋이 바라보았었는지, 얼마나 자주 피부를 만져 주었었는지를 돌아보게 한다. 삶에서 가장 중요한 가치가 무엇인지를 알고, 그 가치를 위해 가장 많은 시간을 쏟으며 살아갈 수 있다면 삶은 더 만족스러울 것이다.

"당신이 태어날 때, 당신은 울었고 세상 사람들은 미소 지었다.
당신이 세상과 이별할 때, 당신은 미소 짓고,
세상 사람들은 슬퍼하는 그런 삶을 살아라."
— 인디언 체로키족 속담

어떠한 삶이 정답이라고 말할 수는 없다. 다만, 자신만의 우선순위 가치가 정돈되어 있고, 그 가치와 맥락을 같이하는 하루를 살아 내야 한다. 당장 삶을 마무리하게 되더라도 여한 없는 삶이 되도록 살아가는 것이 자신과 가족을 위한 최고의 사랑이자 책임이 아닐까?

영화 〈울지마 톤즈〉의 주인공인 (고)이태석 신부님은 자신이 추구한 가치와 일치되는 삶을 살아 내신 아름다운 분이다. 가난과 전쟁으로 폐허가 된 수단 톤즈에서 의사, 교육자, 음악가, 건축가 등 1인 다 역을 하며, 봉사활동을 하신 이태석 신부님. 돌아가신 지금은 그 제자들이 그와 똑같은 봉사를 하고 있다. 신부님은 왜 하필 한국의 가난한 사람이 아닌 수단 사람들을 도왔느냐는 질문에 아래와 같이 답변했다.

"내게 아름다운 향기가 있었다. 가장 보잘것없는 이에게 해 준 것이 곧 나에게 해 준 것이라는 예수님 말씀. 모든 것을 포기하고 아프리카에서 평생을 바친 슈바이처 박사. 어릴 때 집 근처에서 본 신부님과 수녀님들의 헌신. 마지막으로 10남매를 위해 헌신하신 어머님의 고귀한 삶. 이것이 내 마음을 움직인 아름다운 향기다."

나는 내가 추구하는 가치와 일치된 삶을 살아가고 있는가? 나의 삶은 어떤 향기가 될 것 같은가?

죽음은 삶이 만든
최고의 발명품이다
04

죽음이라는 숙명과 먼저 마주했던
이들이 남긴 지혜들을 만나 보자.

삶을 살리는 웰다잉 명상

"죽음은 삶이 만든 최고의 발명품이다."

이 말은 컴퓨터를 개인화시키고, 인터넷을 주머니에 넣을 수 있도록 만든 디지털 기기의 발전을 이끈 스티브 잡스가 한 말이다. 현대 기술사회를 가장 앞서 나가며 선도했던 그도 순응할 수밖에 없었던 죽음. 이 메시지에는 죽음이란 것의 신비를 받아들이고 삶의 일부로서 겸허히 받아들이는 잡스의 태도가 고스란히 담겨 있다. 일찍이 명상을 통해 직관과 창조의 힘을 깨우던 잡스는 시한부 선고를 받고 죽음에 대한 성찰과 명상을 더욱 깊이 하게 되었을 것이다. 그는 죽음 앞에서 외부의 기대나 자부심, 좌절과 실패 등은 덧없이 사라지고 정말로 중요한 것만 남는다고 말했다.

그렇다. 바로 이것이다. 내가 죽음에 대한 명상, 즉 웰다잉 명상을 통해 얻은 가장 귀한 것은 삶에서 정말로 중요한 것이 무엇인가에 대한 탐구로 이어졌다는 것이다. 삶이 만든 최고의 발명품이 죽음이라면, 죽음에 대한 명상은 우리에게 최고의 삶을 발명하게 해 주지 않을까?

웰다잉 명상은 삶에 대한 간절함과 감사함을 키운다

"이제 비가 그쳤으니 밖으로 나가서 깊은 숨을 들이쉬길 바래. 이 비는 하늘이 '천사들의 도시(로스엔젤레스)'에 꼭 필요했던 긴 샤워를 내려 준 거야. 숨을 들이쉬고 내쉬면서 오늘 우리가 맞은 아름다움과 경이로움에 감사해야 해. 우리는 햇빛이 됐든 비가 됐든 구름이 됐든 하나님이 창조한 세상의 순간 순간을 즐겨야 해. 그리고 내일 비가 또 오더라도 나는 병을 바깥에 놓고 그 비를 잡고 싶어."

이 메시지는 2020년 대장암으로 세상을 떠난 배우 채드윅 보스만(마블 영화 '블랙팬서')이 동료 배우 조시개드에게 남긴 마지막 말로 알려져 있다. 비단, 유명인의 사례가 아니더라도, 생의 끝을 앞둔 분들이 남기는 메시지는 대부분 한결같은 메시지를 전한다. 바로 살아 숨쉬는 지금을 감사하고 소중하게 보내라는 것이다. 이렇듯 웰다잉 명상을 통해 가장 먼저 회복하는 것은 웰빙, 웰리빙에 대한 마음가짐이다.

"네가 헛되이 보낸 오늘은 어제 죽은 이가 그토록 그리던 내일이다."

이 한 문장이 주는 울림이 너무나 커서, 메시지를 처음 듣는 순간, 잠시 머리가 멍했던 기억이 있다. 이 메시지는 다양한 인물들이 죽음을 맞이한 순간에 남긴 마지막 말을 모은 시인 원재훈 님의 책 제목이다. 파도 파도 마르지 않는 샘물처럼, 당연하게 새로운 날들이 주어질 거라고 여기며 살아가는 우리에게 그 하루하루가 얼마나 귀한 것인지를 상기하게 해 주기에 이토록 짧고 강력한 메시지는 없는 것 같다. 나는 매일 아침저녁으로 고요한 명상 시간을 가지며, 새롭게 주어진 하루에 대한 감사, 하루를 무사히 마무리할 수 있음에 대한 감사의 시간을 갖는다. 그리고 최소 하루 두 번 스스로 묻고 점검하곤 한다. '나는 지금 내가 추구하는 가치와 일치된 삶을 살아가고 있는가?' 웰다잉 명상은, 후회 없이 세상을 떠난다는 것은 후회 없이 세상을 살아가는 것임을 기억하게 한다. 우리에게 주어진 시간과 공간 그리고 사람들과의 관계 맺음에 아쉬움과 미련이 남지 않는 매 순간이 되도록 우리를 독려하곤 한다.

지금 밖에 내리는 비가 유독 더 아름답게 느껴지는 밤이다. 숨 쉬고 있는 나의 생명이 유난히 더 감사하게 여겨지는 밤이다.

에필로그

에필로그
epilogue

　지금 당신의 삶은 어떤 장르의 영화인가? 사랑을 시작하는 로맨스, 가족과의 일상을 다루는 드라마, 친구들과 재미있는 이야기를 그린 코미디 등 인생 속 주인공인 나의 이야기가 바로 영화 같은 이야기이다.

　누군가는 화성에서 살아남듯 고군분투하며 오늘을 보낼 것이고, 또 누군가는 새로운 시작을 위한 고민을 하고 있을 것이다. 혹은 직장에서 깐깐한 상사에게 혼나고 일을 다시 해야 하지만 다 잘될 것이라 믿으며 '알 이즈 웰'을 외치고 있을지도 모른다. 그리고 그 안에서 자신의 정체성에 대한 고민까지 이 모든 영화 속 이야기가 결국 우리 이야기이다.

　영화 '소울'에서는 젊은 물고기가 나이 든 물고기와 대화를 나눈 장면을 통하여 지금 이대로 충분히 괜찮은 삶이라는 메시지를 주고 있다. 매일 특별한 것이 없을까 생각하는 우리에게 소울은 짧지만 강한 울림을 주기에 충분했다. 이미 내가 있는 곳이 바다인데, 그 안에서 바다를 찾는 젊은 물고기가 우리들의 삶과 같다. 이미 충분히 하고 있고, 가지고 있음에도 불구하고 충분하지 못하다 여기며 늘 이상을 꿈꾸는 우리에게 진지한 메시지를 주었다. 그리고 순간 저자님이 이야기할 내용이 그 한 장면으로 정확하게 설명되는 것을 느꼈다. 아마 영화를 매개로 한 10인의 에세이는, 글을 읽는 당신에게 이런 느낌을 주지 않았을까 생각된다.

저자들 각자가 빠듯하게 짜여 있는 일상에서 함께 글을 쓰는 시간을 가지며 이야기를 풀어 나갔다. 그렇게 우리는 한 팀이 되어 갔다. 서로의 글을 읽어 주며 좋은 부분과 수정, 보완, 추가의 의견을 나누며 한마음이 되었다. 혼자 글 쓰던 시간에는 절대 느낄 수 없는 끈끈한 연대감을 느낄 수 있었다.

'사람은 무엇으로 사는가?'라는 질문에 대한 정답은 없다. 각자의 해답이 있겠지만, 나의 답은 사람이 살아가는 것은, 인정받음을 목표로 산다고 말하고 싶다. 저마다 꿈꾸는 삶의 방향과 이상향, 가치가 다르겠지만, 행복한 인생을 꿈꾸는 것은 모두가 같을 것이다. 만약, 행복한 인생을 위한 조건을 묻는다면 사랑, 가족, 친구, 직업, 돈 등의 여러 가지의 답을 말할 것이다. 그 답은 내가 생각하는 사랑, 내 가족, 내 친구, 내가 원하는 직업 등 결국, 내가 중심이다. 그리고 나라는 사람을 중심으로 둘러싼 자신과 타인의 인정을 받기 위해서 오늘도 열심히 살아가는 것이다.

영화 '러빙, 빈센트'의 주인공 빈센트 반 고흐는 끊임없이 부모님, 친구, 마음에 둔 여인에게 사랑과 인정을 갈구했다. 하지만 누구도 따뜻하게 인정해 주지 않았던 현실이 그를 죽음과 가깝게 하였을 것이다. 사람은 사회적 동물이기에 혼자서는 살아갈 수 없다. 당신도 예외는 아니다. 하지만 현대 사회에서 예전처럼 끈끈한 사회적 관계를 맺기엔 시대가 변하고 사람도 변했다. 조금은 느슨해진 관계에서 더 끈끈해져야 하는 것은 바로 자신과의 관계이다. 흔들리지 않는 자기 인정과 타인과 유대감이 진정으로 현대인에게 필요한 사회적 관계인 것이다.

"누군가가 무엇을 인정한다. 그 이유는 세 가지다.
우선은 그 일에 대해서 아무것도 모르기 때문이다.
두 번째는 그것이 세상에서 너무도 흔한 일인 듯 보이기 때문이다.
그리고 세 번째는 이미 그 사실이 일어났기 때문이다."
– 니체

인생은 나이가 들수록 더 아무것도 모르겠기에, 나의 일상이 너무도 흔해 보이기에, 이미 그렇게 살아가기에, 주어진 현실을 인정하기만 한다면 너무 무미건조한 삶이지 않을까? 당신이 무미건조하다 느낄 때 우리의 이야기 중 하나라도 당신에게 작은 울림이 된다면 얼마나 좋을까 생각한다.

우리의 일상은 마치 열린 결말의 영화와도 같다. 오늘 당신이 어떻게 살아가는지에 따라 다가올 내일이 다르기에 힘내서 살기를 바란다. 당신은 당신이기에 멋지다. 당신이 당신의 영화에서 멋진 주인공으로, 결말은 해

피 엔딩이 될 수 있도록 응원하며 글을 마친다.

2022. 5월

저자소개

권오영

교육 마술 강사로서 강의 현장에서 활발하게 활동하고 있다. 다양한 강의 현장에서 스토리텔링 교육 마술 강의를 진행하고 있다. '스토리를 만드는 강사로서, 스토리가 있는 강의'를 진행하며, 새롭고 흥미로운 교육 현장을 만들어 가고 있다. 앞으로 더 나은 교육 콘텐츠를 위해 여러분의 옆에서 스토리텔러로 함께하고자 한다.

윤미정

굿컴퍼니앤노무 교육사업부 대표이자 사)한국강사협회 이사, 경희대 언론정보대학원을 졸업하고, 기업 및 공공기관, 대학교에서 강의하며 기업면접관 등으로 활동하고 있다. 기업문화 향상에 필요한 다양한 소통 방식들과 문제해결, 테이블 & 와인매너 등을 강의하고 있으며, 퍼실리테이터로서 10년간 국내 대기업의 핵심가치 세미나와 협업, 팀성장 워크샵을 진행했다. '공감과 성장'을 지향하고 기업의 니즈와 현장에 맞춤형 교육을 위해 학습과 연구를 지속하고 있으며, 공감을 통해 소통하고, 비전을 향해 꾸준히 성장할 수 있는 교육 현장을 만들어 가고 있다.

한유정

도드림교육컨설팅 대표. 국민대학교 경영대학원에서 리더십과 코칭MBA를 전공하고 있다. 기업교육 강사로 교육 현장에서 활발하게 강의하고 있다. CJ CGV와 에버랜드에서 직접 경험한 서비스 현장경험을 바탕으로 BMW 딜러사 그룹전략실과 현대백화점에서 교육 담당 및 CS강사로 활동했다. '진정한 가치, 소통, 성장'을 교육 철학으로 삼고 있다. 교육생의 마음의 온도를 움직이는 강의를 하겠다는 다짐으로 끊임없이 연구하고 콘텐츠를 개발하고 있다. 주요 강의 분야로는 직장 예절, 조직 커뮤니케이션, 갈등관리, 감정관리, 셀프 리더십 등이다.

강민정

서강대학교 글로벌서비스경영(석사) 학위를 취득하였으며, 한국 서비스교육센터, KT를 거쳐 CJ 프레시웨이에서 7년 동안 서비스교육 및 직무 역량 강화 교육을 담당하였으며 현재 SK 계열사에서 인사팀 교육을 총괄하고 있다. 끊임없이 공부하며 구성원들의 성장을 돕고 유익한 내용을 전달하는 만능 퍼실리테이션 역할을 하고 있다. 기업과 관공서, 대학교 등 2,000여 곳에서 컨설팅, 강의했던 지식과 실용을 기반으로 대기업에서 교육전문가로 자리매김하고 있다. 저서로는 「난 내일이 기다려진다」가 있다.

황서정

다온교육연구소의 대표이자 강사로 활발하게 활동하고 있다. 매스커뮤니케이션을 전공하고 스피치 강의를 시작으로 사람들과 함께 성장하는 교육의 매력에 빠지게 되었다. 현재 애플코리아, 퀄컴, SK텔레콤, 대검찰청 등 국내외 기업과 공공기관 임직원을 대상으로 다양한 분야에서 강의를 진행하고 있으며 특히 건강하고 행복한 나를 위한 마음 관리법과 관계 형성 및 조직 문화 개선에 도움을 주는 소통 강의를 주로 진행하고 있다. 강의 신조인 '평범하지 않은, 그러나 누구나 공감하는 강의'를 만들기 위해 매 순간 최선을 다하고 있으며, 저서로는 「회복탄력성으로 이끄는 삶의 변화」가 있다.

이주아

심력연구소 대표. 심신통합치유학 박사수료. 뇌교육학 석사. 한국코치협회 KPC프로코치. MBSR국제명상지도자(Level1), 심신통합치유전문가 통합명상지도자로서, 명상, 심리, 건강, 힐링 프로그램의 기업, 기관 보급 및 교육을 한다. 또한 심력통합명상지도자, 마음챙김명상지도자, 웰다잉명상지도사, 심리진로상담사, 명리라이프코치 등 전문가 양성과정을 운영중이다. 사람들의 건강한 심신과 의식성장을 도와, 개인, 가족, 조직은 물론 지구촌 전체가 더욱 건강하고 아름다운 세상이 되기를 소망하는 마음으로 활동하고 있다. 저서 「심력」, 「삶을 살리는 웰다잉명상」, 「루틴이 이끄는 삶」이 있다.

박나연

한양대학교 교육대학원에서 인재개발교육(HRD) 전공으로 석사학위를 취득하였고, 현재는 ㈜야샤의 B2B사업팀의 팀장이자 롯데 하이마트 CS교육 총괄 PM을 담당하고 있다. 이전에는 SK텔레콤, 현대자동차, 다이소 아성산업 등에서 사내강사로 활동했으며, 그 외에도 다양한 기업과 공공기관에서 직급별 리더십, 커뮤니케이션, CS 교육을 진행한 바 있다. 강의 전문 분야는 코칭기반의 리더십과 MBTI, DISC, TA 교류분석, 에니어그램 등의 성격유형을 활용하여 서로 간의 이해를 돕고, 조직의 성과를 높일 수 있는 관계 전략 수립이다.

김영화

㈜더와이컨설팅 대표. '커뮤니케이션을 통해 개인과 조직의 행복을 돕는다'를 미션으로 성과창출을 돕는 대화를 연구하고 있다. SK텔레콤의 사내강사와 롯데관광개발(주)에서 경험한 상담업무를 통해 '고객과 대화하는 바람직한 방법'을 기업과 공공기관에 훈련하고 있다. 말의 힘을 통해 우리가 원하는 삶을 살 수 있다는 믿음으로 더 많은 사람들에게 더 나은 대화를 전달하고자 오프라인은 물론, 온라인 교육 사이트를 운영하여 '커뮤니케이션 전문' 교육용 영상을 기획하고 홍보하고 있다. 유튜브 '더와이컨설팅TV'를 통해서도 저자의 활발한 활동을 볼 수 있다.

석희원

대학교 졸업 후 수학/과학 강사로 활동하다 컬러테라피를 시작으로 심리상담 영역까지 활동 범위를 넓혔다. 오랜 기간 강사를 하며 경험한 문제들을 바탕으로 심리상담 영역에서 활발하게 활동 중이다. '누구나 반드시 하나의 특별한 능력이 있다'라는 마음으로 청소년과 성인의 진로와 적성 분야에 많은 관심과 열정이 있다. 아직 심리상담에 대한 마음의 벽이 높기에 건강검진을 받듯이 마음검진을 받는 것이 자연스러운 일이 되길 희망하며, 모두가 심리적으로 건강하길 바란다. 저서로는 향기로 하는 셀프 테라피를 다룬 「언택트 시대의 향택트」가 있다.

유의정

Re:]ducation 대표이자 한림성심대학교 겸임교수. 대학에서 건축학을 전공하여 건축 디자이너로 활동하다 다시 진로를 찾았다. 경희대 경영대학원을 졸업하고 접두사 Re와 교육의 뜻을 가진 Education의 합성어 Re:]ducation이라는 교육회사를 설립하여 Remind, Refresh, Relevant, Relax한 교육을 목표로 하는 강의를 하고 있다. 현재 국립현대미술관 도슨트로도 활동하며, 미술 및 건축 관련 인문학 강의 진행도 하고 있다. 저서로는 「디지털 라이프 리부팅」과 「초연결로 이어진 사람들, 현명한 소통으로 만드는 관계기술」 그리고 「인정받고 싶었던 천재들」이 있다.

내 삶이 영화가 될 때

초판 1쇄 인쇄	2022년 04월 20일
초판 1쇄 발행	2022년 04월 29일
지은이	유의정·석희원·김영화·박나연·이주아 황서정·강민정·한유정·윤미정·권오영
편집	이다겸
디자인	박나경
마케팅	안용성, 이홍석
기획	민현기(인사이트랩)
펴낸이	하혜승
펴낸곳	㈜열린길
출판등록	제2020-000047호
주소	서울특별시 성북구 보문로 37길 15, 201호
전화	02-929-5221
팩스	02-3443-5233
이메일	gil-design@hanmail.net

ISBN 979-11-977140-2-3 03190

* Book Insight는 ㈜열린길의 출판 브랜드입니다.

* 책값은 뒤표지에 있습니다.

* 이 도서의 국제표준 도서번호(ISBN)는 국립중앙도서관 서지정보유통지원시스템 홈페이지(http://seoji.go.kr)에서 이용할 수 있습니다.

* 이 책은 저작권법에 따라 보호받는 저작물이므로 무단전재와 무단복제를 금지하며, 이 책 내용의 전부 또는 일부를 이용하려면 반드시 저작권자의 동의를 받아야 합니다.

* 북 인사이트는 교육전문가들의 콘텐츠 개발과 출간을 지원합니다. 좋은 원고가 있으면 언제든 inlab2020@gmail.com으로 보내 주세요.